1er cycle
2

# Manuel de l'élève

Michel Lyons et Robert Lyons

Les pages de ce manuel sont recouvertes
d'un vernis non toxique.

Vous pouvez écrire dans ce manuel en utilisant
**un crayon à encre sèche ou un crayon gras**.

Pour effacer toute trace d'écriture, frottez la surface
à l'aide d'un papier mouchoir ou d'un tissu sec.
Au besoin, utilisez un tissu humide.

Si vous utilisez tout autre type de crayon,
vous ne pourrez plus effacer l'écriture.

Chenelière
McGraw-Hill

CHENELIÈRE ÉDUCATION

**Défi mathématique**
Mathématique, 1er cycle du primaire
Manuel de l'élève 2

b29047924

Michel Lyons et Robert Lyons

© 2004 Les Éditions de la Chenelière inc.

*Éditrice :* Maryse Bérubé
*Coordination :* Denis Fallu
*Révision linguistique :* Marie Chalouh
*Correction d'épreuves :* Sophie Cazanave
*Illustrations :* Robert Gaboury et Norman Lavoie
*Infographie et couverture :* Norman Lavoie

**Remerciements**

Cette édition de *Défi mathématique* résulte de la collaboration de nombreuses personnes qui ont mis en commun leur compétence. Nous ne pouvons les nommer toutes ici, mais nous tenons à leur exprimer notre reconnaissance face à leur engagement. Parmi elles, nous désirons toutefois mentionner Ginette Poitras, Serge Girard et Michel Solis qui, depuis près de 20 ans, nous ont appuyés sans relâche.

Enfin, merci à Françoise Loranger, Manon Beauregard, Robert Rousseau et Ginette Vincent, conseillers pédagogiques, qui ont bien voulu lire et commenter la présente édition de *Défi mathématique*.

Michel Lyons et Robert Lyons

**Chenelière McGraw-Hill**

CHENELIÈRE ÉDUCATION

7001, boul. Saint-Laurent
Montréal (Québec)
Canada H2S 3E3
Téléphone : (514) 273-1066
Télécopieur : (514) 276-0324
info@cheneliere-education.ca

ISBN 2-7651-0402-6

Dépôt légal : 2e trimestre 2004
Bibliothèque nationale du Québec
Bibliothèque nationale du Canada

Imprimé au Canada
  2 3 4 5   ITIB   08 07 06 05

Nous reconnaissons l'aide financière du gouvernement du Canada par l'entremise du programme d'aide au développement de l'industrie de l'édition (PADIÉ) pour nos activités d'édition.

L'Éditeur a fait tout ce qui était en son pouvoir pour retrouver les copyrights. On peut lui signaler tout renseignement menant à la correction d'erreurs ou d'omissions.

DANGER
LE PHOTOCOPILLAGE TUE LE LIVRE

# Table des matières

## Logique

Bloc A ............................................................ 2
Bloc B ............................................................ 22

## Numération

Bloc A ............................................................ 36
Bloc B ............................................................ 46
Bloc C ............................................................ 54
Bloc D ............................................................ 66
Bloc E ............................................................ 76

## Géométrie

Bloc A ............................................................ 94
Bloc B ............................................................ 100
Bloc C ............................................................ 114
Bloc D ............................................................ 122

## Jeux de nombres

Bloc A ............................................................ 134
Bloc B ............................................................ 142
Bloc C ............................................................ 150

## Méli-mélo

............................................................ 155

# Un défi pour toi

Un problème se pose...
Quelqu'un a laissé la cuisine
sens dessus dessous.

Caboche
imagine ce
qui a bien
pu se passer.

Troublefête
examine
logiquement
toutes les pistes.
Un vrai détective...

Chacun à sa manière, Picto,
Mani et Scrip refont la scène...

### Quand tu résous un problème...

Tout comme Caboche, tu peux
imaginer et créer des solutions
originales. La logique de
Troublefête est une force que
tu possèdes aussi et qui peut
grandir.

En apprenant à manipuler,
à dessiner et à écrire les
mathématiques comme Mani,
Picto et Scrip, tu découvriras la
puissance de la pensée
mathématique.

Et comme Domino, tu en tireras
beaucoup de plaisir !

Nous te souhaitons une belle
année en leur compagnie.

*Michel et Robert*

Serait-ce un
coup de
Domino ?

# Logique

## la science du « sûr et certain »

La logique favorise la communication objective.

L'ordinateur a surpassé le cerveau humain dans presque tous les domaines de la logique.

Pourtant, il n'est pas intelligent...

# La logique est la science de l'OBJECTIVITÉ

Je m'appelle Troublefête. Mon passe-temps préféré consiste à découvrir des erreurs de logique.

Avec des camarades, discute de chacun des énoncés ci-dessous. Trouve ceux que Troublefête prendrait plaisir à démentir.

Pascale joue aux cartes. Elle annonce : « Ma carte n'est pas rouge. Ce n'est pas un trèfle. » Sa carte est donc un pique.

Catherine est plus grande que Mathieu. Donc, Catherine est la plus âgée des deux.

En logique, c'est OUI ou c'est NON !

Fait-il plus de 4 °C dehors ? Lisa est-elle plus jeune que Tom ?

Mon dictionnaire est dans la bibliothèque. Il n'est pas sur la tablette du haut. Il est donc sur la tablette du bas.

# « Dur dur » d'être toujours logique !

Tu t'es fait prendre, toi aussi ? Ne t'en fais pas. Certains énoncés ont déjà confondu même des scientifiques. En voici quelques exemples.

Un objet lourd tombe plus vite qu'un objet léger.

Il fait plus froid l'hiver parce que le Soleil est plus éloigné de la Terre qu'en été.

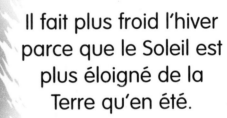

Un objet plus lourd que l'air ne peut pas voler.

Les goûts et les opinions ne peuvent être traités logiquement.

Ce dessin est-il joli ? Le pain est-il meilleur que le lait ?

L'eau qui bout est toujours très chaude.

# Petit exercice d'échauffement

Voici un exemple pour t'aider à compléter les casse-tête logiques qui suivent.

## But du jeu
Placer les 9 cartes sur 3 rangées de 3 cartes en suivant tous les indices.

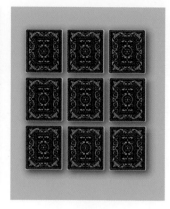

## Matériel
Les as, les deux et les trois de pique, de coeur et de carreau.

## Les indices

1) L'as de carreau est en haut, au milieu.

2) Le trois de pique est en bas, au milieu.

3) Le trois de carreau est en haut, à droite.

4) Le deux de coeur est en haut.

5) Le trois de coeur est en bas, mais pas à gauche.

6) Le deux de carreau n'est pas dans la 2e rangée.

7) Il y a un deux à droite.

8) Il n'y a aucun pique à gauche.

# 1 Lis les indices de gauche à droite.
Place les 9 cartes du jeu aux bons endroits.

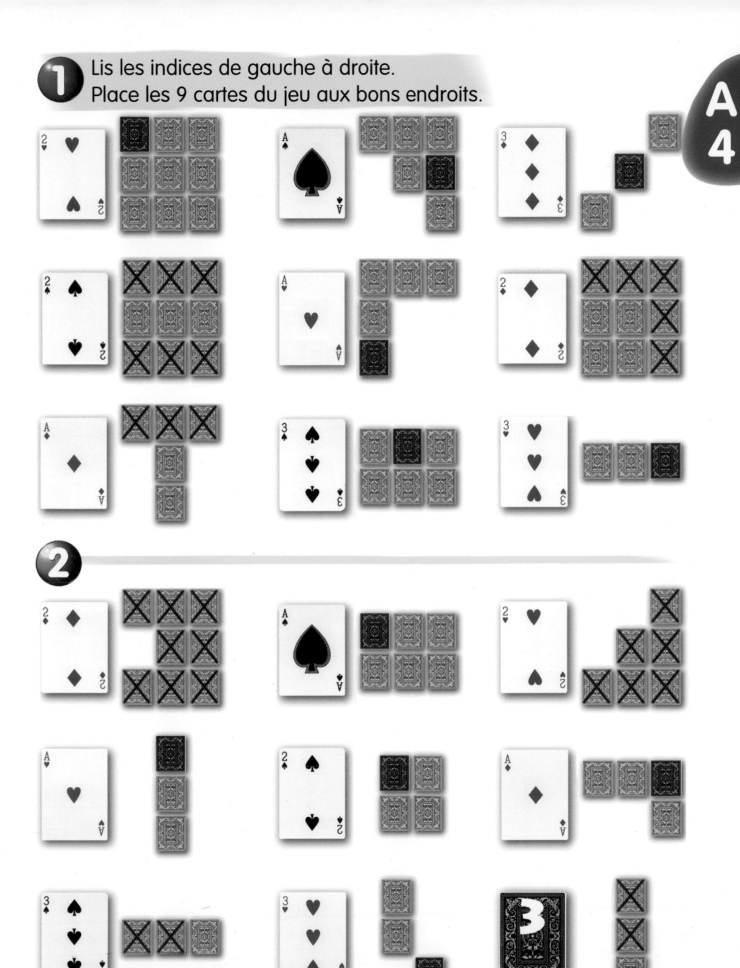

# 2

# A5

**1** Place les 9 cartes du jeu aux bons endroits.

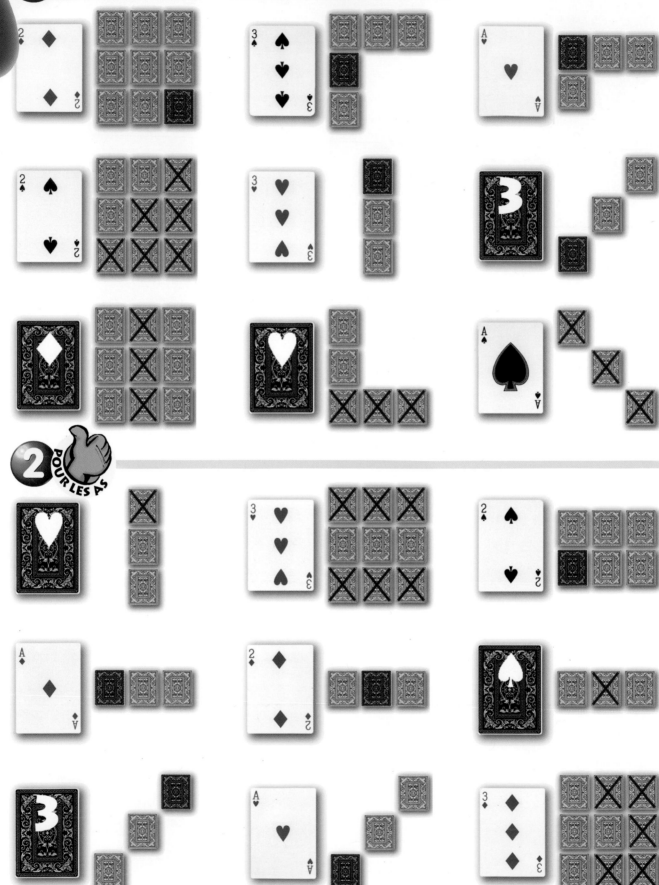

**2** POUR LES AS

6

# 1 Place les 9 cartes du jeu aux bons endroits.

 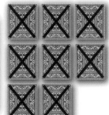    

## 2 POUR LES AS

   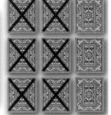  

7

**A 7**

Place les formes ci-dessous dans les grilles. Suis bien les indices.

**1** Gauche   Droite

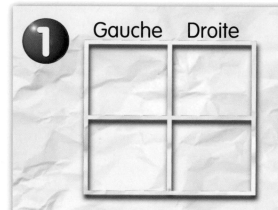

a) Les grands sont en haut.
b) Les cercles sont à droite.

**2** Gauche   Droite

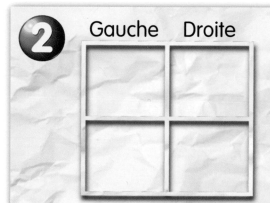

a) Il n'y a pas de losange en haut.
b) Tous les petits sont à gauche.

**3** Gauche   Droite

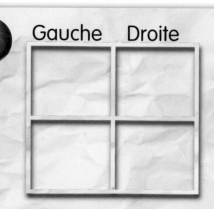

a) Le petit cercle est en haut.
b) Les grands sont à droite.

**4** Gauche   Droite

a) Les losanges ne sont pas en haut.
b) Le petit losange est à gauche.

**5** Gauche   Droite

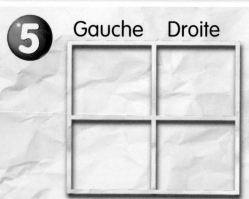

a) Aucun losange n'est en bas.
b) Il n'y a pas de grand à droite.

8

Place les formes ci-dessous dans les grilles.
Suis bien les indices.

**1** Gauche        Droite

a) Les carrés sont en bas.
b) Les cercles sont au milieu.
c) Il n'y a pas de grand à droite.
d) Il y a plus de petits en haut.

**2** Gauche        Droite

a) Le grand triangle est dans
   un coin, en haut.
b) Le petit carré est à droite,
   sous un cercle.
c) Le petit cercle est entre
   deux petits.

**3** Gauche        Droite

a) Les cercles sont en haut.
b) Les triangles sont au milieu.
c) Il y a plusieurs grands
   à gauche.
d) Il y a un seul petit en bas.

**4** Gauche        Droite

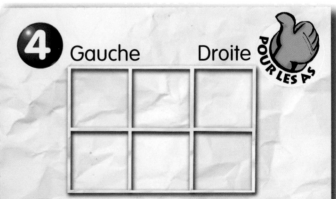

POUR LES AS

a) Il n'y a pas de petit en haut.
b) Il n'y a pas de carré dans
   les coins.
c) Le grand cercle est à droite.
d) Le petit triangle est sous
   un cercle.

9

Dans les grilles, on a placé des formes.
Pour chaque grille, donne 2 indices vrais et 1 indice faux.

**①**

**Indices vrais**

a) Le petit cercle est

_____.

b) Les losanges sont

_____.

**Indice faux**

Le grand cercle est

_____.

**②**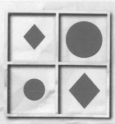

**Indices vrais**

a) Les petits sont

_____.

b) _____ est en haut.

**Indice faux**

Les cercles sont

_____.

**③**

**Indices vrais**

a) Le grand losange n'est pas

_____.

b) Les cercles ne sont pas

_____.

**Indice faux**

Le petit losange n'est pas

_____.

**④**

**Indices vrais**

a) Aucun grand n'est

_____.

b) Aucun cercle n'est

_____.

**Indice faux**

Tous les losanges ne sont pas

_____.

Place les lettres dans les grilles.
Suis bien les indices.

**1** Gauche  Droite

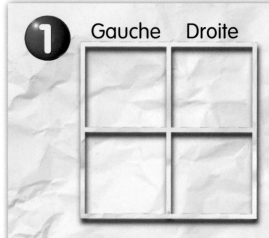

**A** est en bas.
**B** est à droite.
**C** est sous **D**.
**D**... tu le sais...

**2** Gauche  Droite

**A** n'est pas à gauche.
**B** n'est pas sous **C**.
**C** est en bas, à droite.
**D** est en haut.

**3**

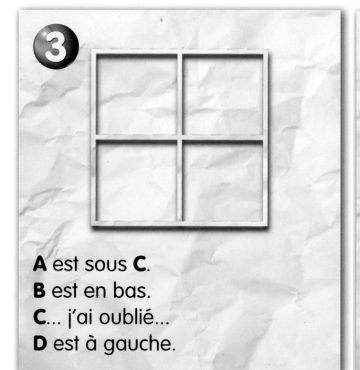

**A** est sous **C**.
**B** est en bas.
**C**... j'ai oublié...
**D** est à gauche.

**4**

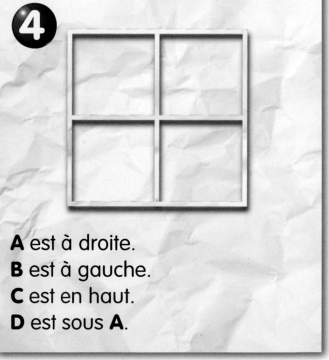

**A** est à droite.
**B** est à gauche.
**C** est en haut.
**D** est sous **A**.

Place les lettres dans les grilles. Suis bien les indices.

**1**

Gauche     Droite

A est dans un coin.
B est entre D et F.
C touche à F.
D touche à A.
E est en haut, à gauche.
F est à gauche.

**2**

Gauche     Droite

A est sous E.
B est dans un coin, en haut.
C ne touche pas à E.
D n'est pas à gauche.
E est à droite.
F est en haut.

**3** Trouve 2 solutions différentes.

A touche à E.
B n'est pas au milieu.
C est entre A et F.
D est à droite.
E est voisin de D.
F est en bas.

A touche à E.
B n'est pas au milieu.
C est entre A et F.
D est à droite.
E est voisin de D.
F est en bas.

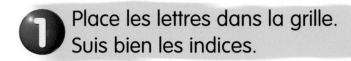

**1** Place les lettres dans la grille.
Suis bien les indices.

**A** est dans un coin, en bas.

**B** est à gauche de **G**.

**C** est voisin de **H**.

**D** est au centre.

**E** touche à **D**.

**F** est sous **E**.

**G** est sous **D**.

**H** est en haut.

**I** est entre **A** et **C**.

**2** Vis-à-vis de chaque indice, indique vrai (V)
ou faux (F) selon le cas.

**A** est à droite. _____

**B** est voisin de **D**. _____

**C** est entre **H** et **B**. _____

**D** est sous **I**. _____

**E** touche à **F**. _____

**F** est voisin de **A**. _____

**G** est au centre. _____

**H** est à gauche de **F**. _____

**I** est sous **B**. _____

**1** Place les lettres dans la grille.
Suis bien les indices.

**A** est entre **C** et **D**.

**B** est sous **H**.

**C** est à gauche.

**D** est en bas, à droite.

**E** est voisin de **H**.

**F** ne touche pas à **D**.

**G** est au centre.

**H** est à gauche.

**I** touche à **D**.

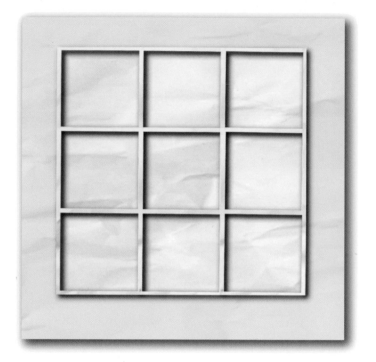

**2** Vis-à-vis de chaque indice, indique vrai (V)
ou faux (F) selon le cas.

**A** est immédiatement sous **G**. ____

**B** est entre **I** et **C**. ____

**C** n'est pas à gauche. ____

**D** est voisin de **H**. ____

**E** touche à **I**. ____

**F** est dans un coin, en haut. ____

**G** est plus haut que **B**. ____

**H** n'est pas en bas. ____

**I** touche à **B**. ____

**1** Place les lettres dans la grille.
Suis bien les indices.

**A** n'est pas dans un coin.

**B** est sous **I**.

**C** touche à **F**.

**D** est en bas, au centre.

**E** est plus bas que **G**.

**F** n'est pas plus haut que **I**.

**G** est à droite.

**H** est entre **D** et **C**.

**I** est à droite.

**2** Place les lettres dans la grille.
Suis bien les indices.

**A** est entre 2 coins, sans toucher à **I**.

**B** est en bas.

**C** est à droite, sans toucher à **A**.

**D** est à droite.

**E** est voisin de 4 lettres.

**F** n'est pas en bas.

**G** n'est pas à gauche.

**H** est voisin de droite de **E**.

**I** est en haut, sans toucher à **H**.

**3** Invente ta propre grille logique à quatre cases.

Compose ton énigme à l'ordinateur.
Demande à tes camarades de trouver la solution.

# A 15

Elena, Laurence et Chen ont chacune un fruit préféré.
Chacune préfère un fruit différent de celui des autres.
Qui préfère quoi?

Sers-toi de la grille pour
résoudre le problème.
Écris oui (O) ou non (X)
dans les cases.
Suis bien les indices.

a) Elena ne mange pas
   de pommes.
b) L'amie de Chen préfère
   les oranges.
c) Chen n'aime que
   les cerises.

|          | 🍎 | 🟠 | 🍒 |
|----------|----|----|----|
| Elena    |    |    |    |
| Chen     |    |    |    |
| Laurence |    |    |    |

Dans une course d'automobiles, la rouge, la verte et la bleue sont les trois premières.
Dans quel ordre ont-elles fini la course?

Sers-toi de la grille pour résoudre le problème.
Écris oui (O) ou non (X) dans les cases.
Suis bien les indices.

a) La rouge a terminé après la gagnante.
b) La verte suivait la bleue.
c) Le conducteur de l'automobile rouge est le frère du conducteur qui s'est classé troisième.

| | | | |
|---|---|---|---|
| **1** | | | |
| **2** | | | |
| **3** | | | |

17

**A 17**

**1** On a versé du jus d'orange, de l'eau et du lait dans 3 récipients différents. Où se trouve chaque liquide ?

a) Le verre ne contient pas d'eau.
b) Le jus n'est pas dans la tasse.
c) L'eau n'est pas dans la tasse.

|      |  |  |  |
|------|--|--|--|
| Jus  |  |  |  |
| Eau  |  |  |  |
| Lait |  |  |  |

**2** Dans ce jardin, il y a 4 sortes de fleurs.

a) Les tulipes et les roses ne sont pas au centre.
b) Les lys occupent la partie la plus longue.
c) Les roses ne sont pas à droite.

Mais où sont donc les dahlias ?
Écris les noms des fleurs aux bons endroits.

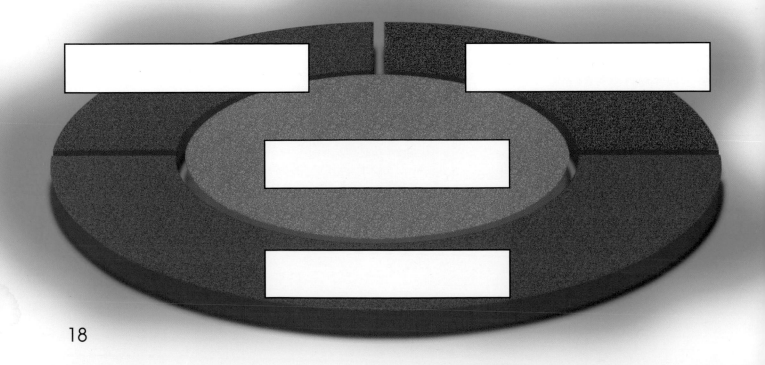

**1** Tu dois découvrir un mot de passe.
Trouve ce mot de passe composé de 5 nombres
à l'aide des indices.

a) Le 4 n'est pas en 2$^e$ position.

b) Le 2 vient juste après le 5.

c) Le plus grand nombre n'est pas à côté du 1.

d) Le 3 ne vient pas juste après un nombre pair.

e) Le plus petit nombre est au milieu.

**2** Six élèves ont passé un examen de mathématiques.
Trouve la note de chacun.

a) À part Samir et Julie, ils ont tous des notes différentes.

b) Alexandre a 18 points.

c) Un seul élève a 20 points : c'est la meilleure note.

d) Arianne a plus de points que Zoé.

e) Maxime a la plus basse note : 16 points.

f) Julie a plus de points que Zoé.

| Nom | Note |
|---|---|
| Julie | |
| Arianne | |
| Alexandre | |
| Maxime | |
| Zoé | |
| Samir | |

A
18

POUR LES AS

**1** Trois animaux de la ferme sont en train de bavarder. Voici des indices qui t'aideront à trouver de quels animaux il s'agit et quel est leur nom.

a) La vache dit à Ramona : « Quelle belle journée ! »

b) Cléo et la poule parlent de leurs petits.

c) « Allons à l'étable », dit la chèvre.

d) « Pas si vite ! dit Gigi. Je n'ai que deux pattes... »

Écris les trois sortes d'animaux et le nom qui manque dans la grille.

| | Gigi | | Ramona |
|---|---|---|---|
| | | | |
| | | | |
| | | | |

**2** Quatre enfants se trouvent dans cette maison. Chacun est seul dans une pièce. Découvre où est chacun.

a) Sophie écoute de la musique.

b) Tricia dort dans son lit.

c) Éric prépare le souper.

d) Jason entend marcher au-dessus de lui.

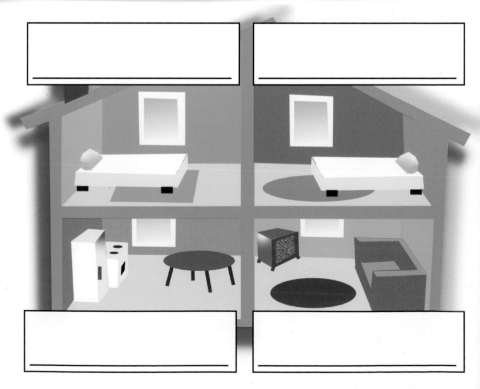

**1** Un Anglais, un Japonais et un Russe habitent dans la même rue. Ils ont chacun une boisson et un animal préférés différents de ceux des autres.

Sers-toi de la grille pour résoudre le problème. Suis bien les indices.

a) Le Japonais préfère l'eau.
b) Il y en a un qui préfère les chats et le café.
c) L'Anglais est l'ami de celui qui préfère le jus.
d) Le canari chante quand il voit son voisin qui ne boit que du jus.

|         | Anglais | Japonais | Russe |
|---------|---------|----------|-------|
| boisson |         |          |       |
| animal  |         |          |       |

À qui appartient le poisson rouge ? _____ .

**2** On place 4 cartes à jouer en colonne. Découvre lesquelles et dans quel ordre.

POUR LES AS

a) Il y a un dix, une dame, un roi et un as.
b) Il y a un ♥, un ♦, un ♠ et un ♣.
c) La carte de ♣ n'est pas entre 2 figures.
d) Le roi de ♥ est entre un dix et un ♣.
e) La dame de ♠ est en bas.

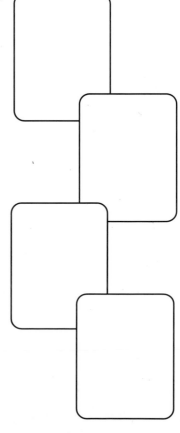

| ♦ |  |  |  |
|---|--|--|--|
| ♥ |  |  |  |
| ♠ |  |  |  |
| ♣ |  |  |  |

# Le jeu des rois...

## 2 000 ans d'histoire

L'ancêtre du jeu d'échecs a été créé en Inde il y a environ 2 000 ans. Le jeu représentait une bataille entre des rois et leurs troupes. Pour gagner, il fallait conquérir le trône du roi de l'adversaire.

Fais une recherche dans Internet. Essaie « jeu d'échecs » dans un moteur de recherche.

## D'où vient l'expression « échec et mat » ?

« Échec et mat » vient du mot *Shahmat*. Dans la langue perse, *shah* signifie « roi » et *mat* veut dire « impuissant ».

Autrefois, en Perse, quand un joueur menaçait le roi de son adversaire, il disait *Shah*, c'est-à-dire « Roi, prends garde ! ». Aujourd'hui, nous disons « échec ».

Quand l'adversaire attaquait le roi et que celui-ci n'avait plus aucun moyen de se sauver, il disait *Shahmat*. Aujourd'hui, nous disons « échec et mat ».

# ... et le roi des jeux

## Un jeu de logique

Vers l'an 840, Ar-Razi, le meilleur joueur de son époque, a écrit *Jouer aux échecs avec élégance.*

Dans ce livre, il suggérait d'enseigner le jeu d'échecs pour développer la pensée logique.

Au début, le jeu d'échecs se jouait à quatre. Chaque camp possédait un roi, un éléphant (la tour actuelle), un cavalier, un chariot ou un vaisseau (le fou actuel) et quatre soldats (les pions). On avançait les pièces selon le nombre obtenu en lançant un dé.

Pions          Roi          Dame          Fou          Cavalier          Tour

# Les mouvements du pion

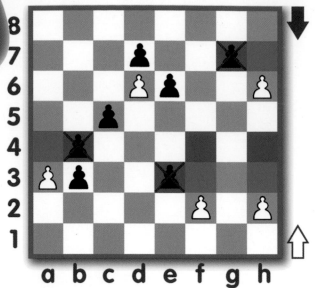

Cases coloriées : coups permis aux blancs.

X : captures possibles pour les blancs.

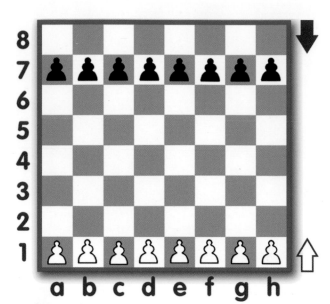

**1** Entoure le groupe de pions qui se trouve à la bonne position de départ.

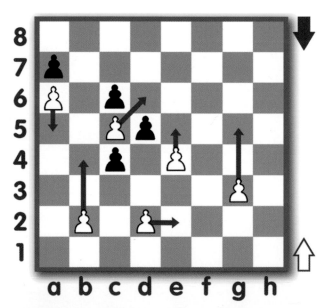

**2** Chaque flèche indique un mouvement des blancs. Entoure les coups interdits.

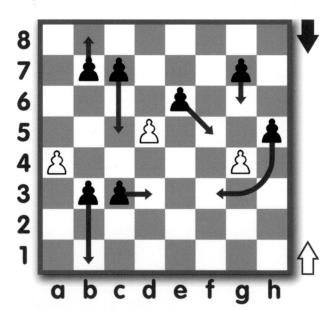

**3** Chaque flèche indique un mouvement des noirs. Entoure les coups interdits.

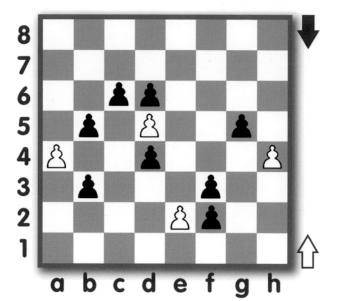

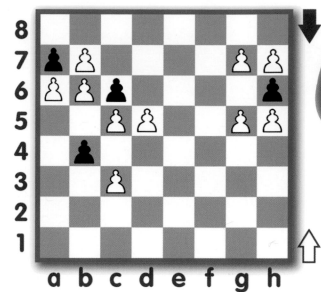

**1** Chaque pion blanc peut capturer un pion noir. Entoure les pions noirs menacés.

**2** Chaque pion noir peut capturer un pion blanc. Entoure les pions blancs menacés.

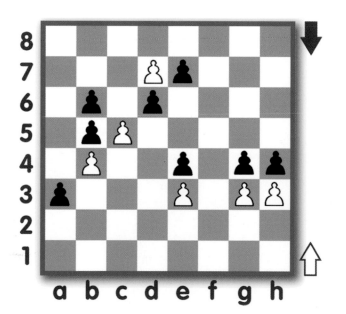

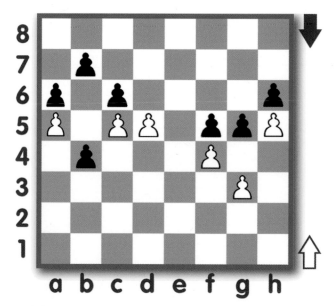

**3** a) Entoure tous les pions noirs menacés par les blancs.

b) Quel camp va gagner cette course de pions ?

**4** a) Entoure tous les pions blancs menacés par les noirs.

b) C'est aux blancs à jouer. Indique par une flèche le coup qui leur assure la victoire.

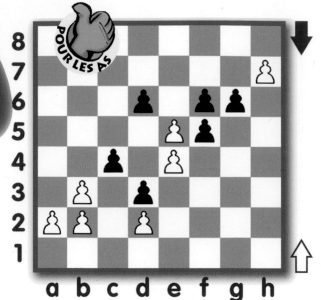

**1** C'est aux blancs à jouer. Combien de coups différents peuvent-ils jouer ?

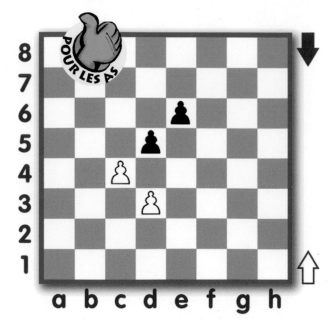

**2** C'est aux blancs à jouer. S'ils jouent le bon coup, ils gagneront. Indique le coup gagnant par une flèche.

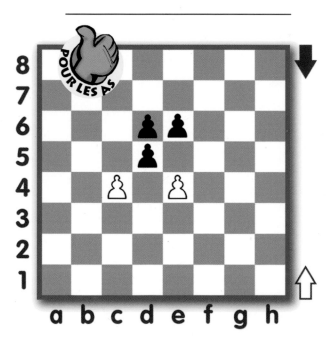

**3** C'est aux blancs à jouer. Les 2 pions blancs sont plus forts que les 3 pions noirs. Indique par une flèche le coup gagnant des blancs.

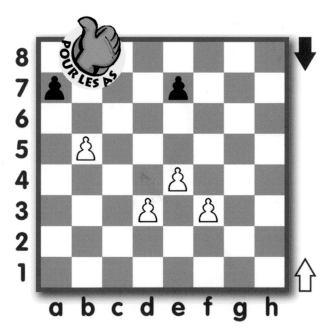

**4** C'est aux noirs à jouer. Les 2 pions noirs sont plus forts que les 4 pions blancs. Indique par une flèche le coup gagnant des noirs.

# Les mouvements du fou

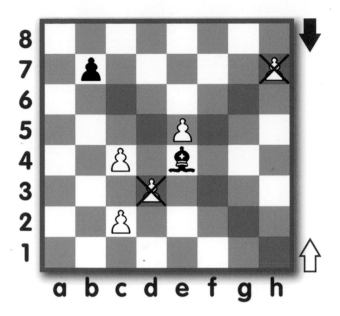

Cases coloriées : coups permis au fou.

X : captures possibles pour le fou.

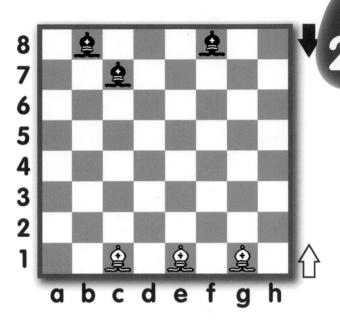

**1** Entoure chaque fou qui se trouve sur sa case de départ.

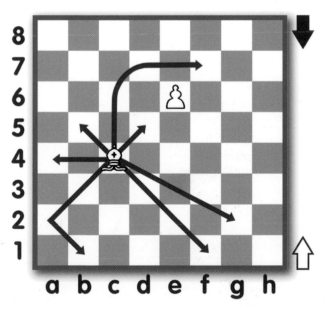

**2** Chaque flèche indique un déplacement du fou. Entoure les coups permis.

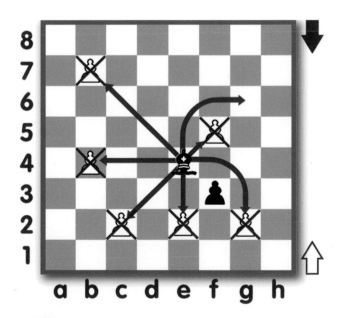

**3** Chaque flèche indique une capture par le fou. Entoure les coups permis.

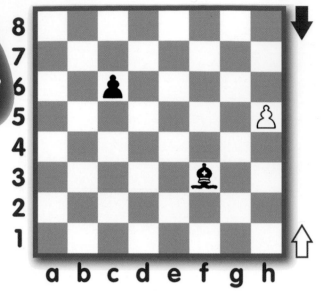

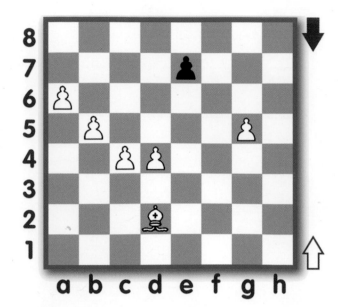

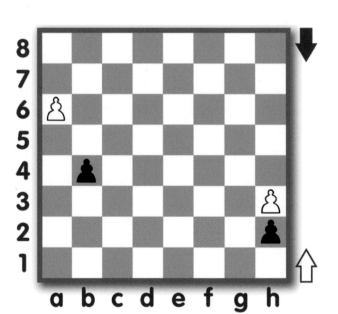

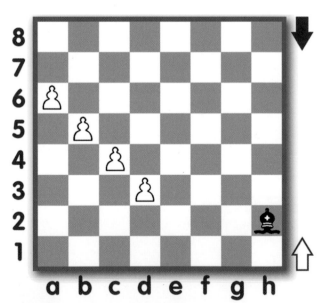

**B 27**

1. Colorie toutes les cases contrôlées par le fou.

2. Seul le fou peut se déplacer. Trace 2 chemins différents qui mènent à la capture du pion noir. Nombre de coups minimal pour la capture : _____

3. a) Écris la lettre N là où un fou noir pourrait menacer les 2 pions blancs à la fois.
   b) Écris un B dans la case où un fou blanc fera de même avec les 2 pions noirs.

4. C'est aux noirs à jouer. Le fou peut stopper tous les pions blancs. Indique comment par une flèche.

# Les mouvements de la tour

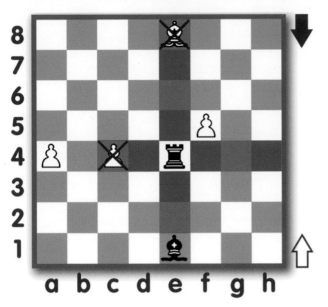

Cases coloriées : coups permis
à la tour.

X : captures possibles pour la
tour.

**1** Entoure chaque tour qui se
trouve sur sa case de
départ.

**2** Colorie toutes les cases
contrôlées par la tour.

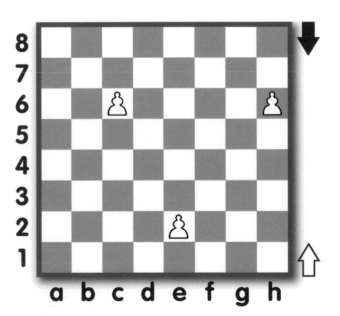

**3** Écris la lettre T dans la case
où une tour noire pourrait
menacer ces 3 pions à la
fois.

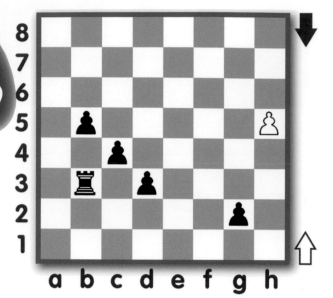

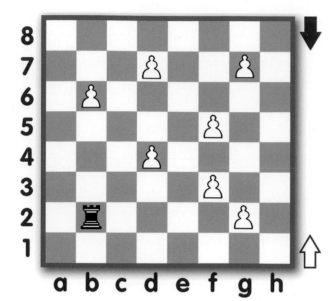

**1** Seule la tour peut se déplacer. Trace 2 chemins qui mènent à la capture du pion blanc.
Nombre de coups minimal pour la capture : _____

**2** Seule la tour peut se déplacer.
Nombre de coups minimal pour capturer tous les pions : _____

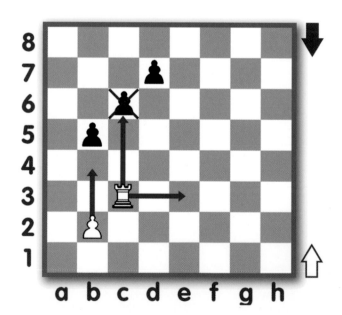

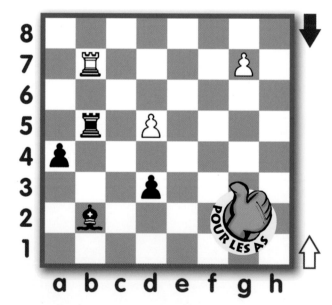

**3** C'est aux blancs à jouer. Parmi les 3 coups suggérés, entoure le meilleur.

**4** C'est aux noirs à jouer. Indique par une flèche quel coup ils doivent jouer pour gagner cette course.

# Les mouvements de la dame

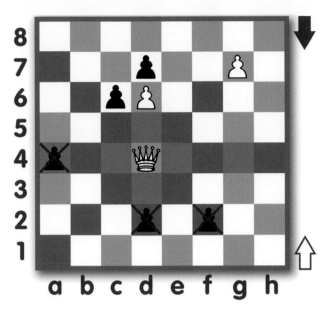

Cases coloriées : coups permis à la dame.
X : captures possibles pour la dame.

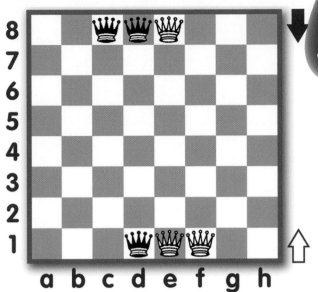

**1** Entoure chaque dame qui se trouve sur sa case de départ.
Note ses coordonnées.

_____

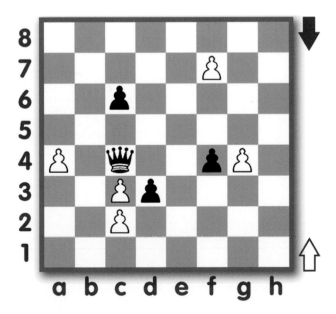

**2** Colorie toutes les cases contrôlées par la dame.

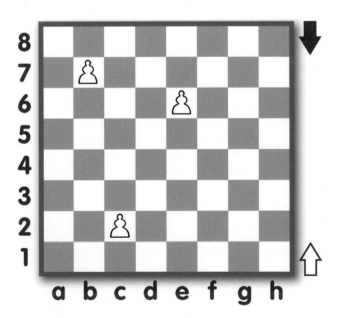

**3** Écris la lettre D dans toutes les cases où une dame noire pourrait menacer ces 3 pions à la fois.

31

**1** Écris la lettre D dans toutes les cases où une dame noire pourrait menacer ces 3 pièces à la fois sans se mettre en danger.

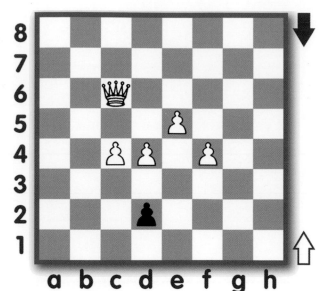

**2** Seule la dame peut se déplacer. Trace 2 chemins qui mènent à la capture du pion noir.
Nombre de coups minimal pour la capture : _____

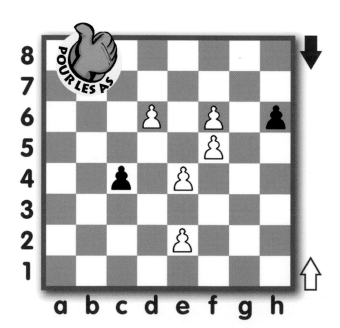

**3** Note les coordonnées d'une case où une dame blanche pourrait menacer les 2 pions noirs à la fois.

_____

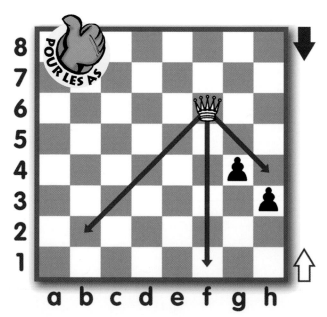

**4** La dame veut empêcher les noirs de gagner la course de pions.
Entoure le coup gagnant.

# Les mouvements du cavalier

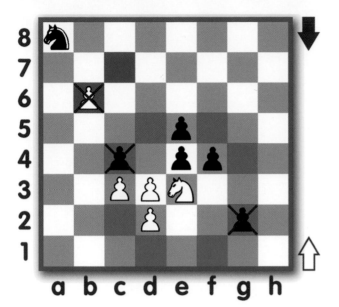

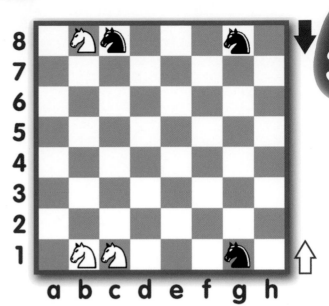

Cases coloriées : coups permis aux cavaliers.
X : captures possibles pour les cavaliers.

**1** Entoure chaque cavalier qui se trouve sur sa case de départ. Note ses coordonnées.

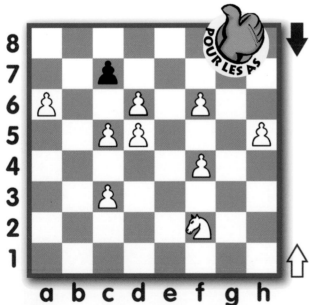

**2** Le cavalier blanc peut capturer le pion noir en un minimum de 4 coups. Note les coordonnées du chemin à suivre.

**3** Dessine le diagramme stratégique du cavalier sur la Fiche complémentaire 9. Utilise le jaune pour le nombre minimal de cases qu'il contrôle, et le rouge pour le nombre maximal. Ce diagramme te réserve de très jolies régularités...

# Les mouvements du roi

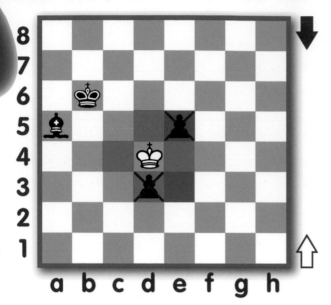

Cases coloriées : coups permis au roi blanc.

X : captures possibles pour le roi blanc. Le pion e5 met le roi blanc en échec.

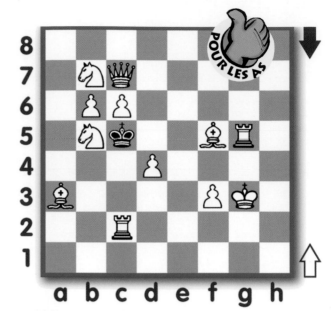

**1** a) Entoure les pièces qui mettent le roi noir en échec.

b) Où faut-il placer un pion (P), un fou (F) et une tour (T) pour que chacun mette le roi blanc en échec sans être en danger ?

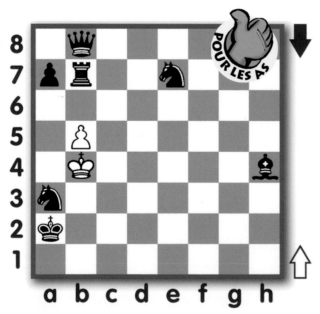

**2** C'est aux noirs à jouer. Indique par des flèches comment chaque pièce peut mettre le roi blanc en échec.

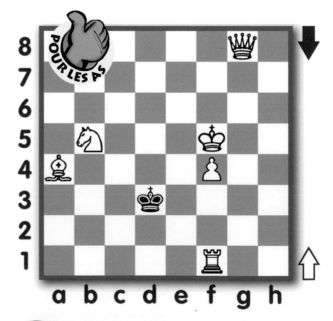

**3** Colorie toutes les cases où le roi noir peut se déplacer.

34

# Numération

Toutânkhaboche

# Doigts, cailloux et marques...

Depuis des milliers d'années, les humains font des calculs. À l'origine, ils se servaient de leurs doigts, de cailloux et de marques pour représenter les objets et les compter.

### Quand 10 doigts ne suffisent pas

Les mains offrent bien plus que 10 doigts comme support numérique : un très ancien système utilise les 12 phalanges parcourues par le pouce, dans l'ordre indiqué.

Quel nombre est montré par le pouce ?

_____

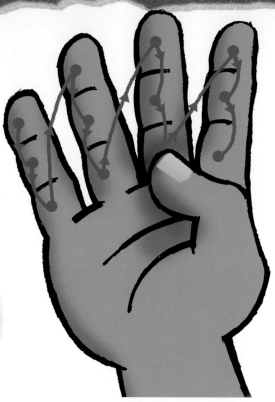

Jadis, les gens comptaient leurs biens à l'aide de petits cailloux d'argile. Le calcul était très simple : un caillou pour chaque objet compté et des cailloux différents pour des objets différents !
Pour se souvenir de 30 moutons, on prenait 30 cailloux-moutons ; pour 100 jarres d'huile, 100 cailloux-huile…

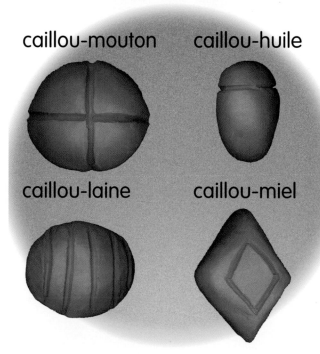

caillou-mouton     caillou-huile

caillou-laine     caillou-miel

# ... pour faire comme si...

Plusieurs os entaillés de la préhistoire ont été retrouvés. Qu'est-ce que les humains pouvaient bien compter à cette époque ?

A 2

Les humains de la préhistoire utilisaient parfois des os entaillés pour mesurer le temps.

Gaya, la chaman, remet à Noa, le chasseur de mammouths, un os qui lui servira de calendrier.

Ton voyage durera une lune.

Après une journée de marche, Noa devra nouer une ficelle autour de la première encoche.

Le chasseur déplacera ensuite la ficelle d'une encoche par jour.

Combien de jours durera le voyage de Noa ?

_____ jours

dimanche

Chaque encadré décrit la durée d'un voyage de Noa.
Ajoute les renseignements qui manquent.

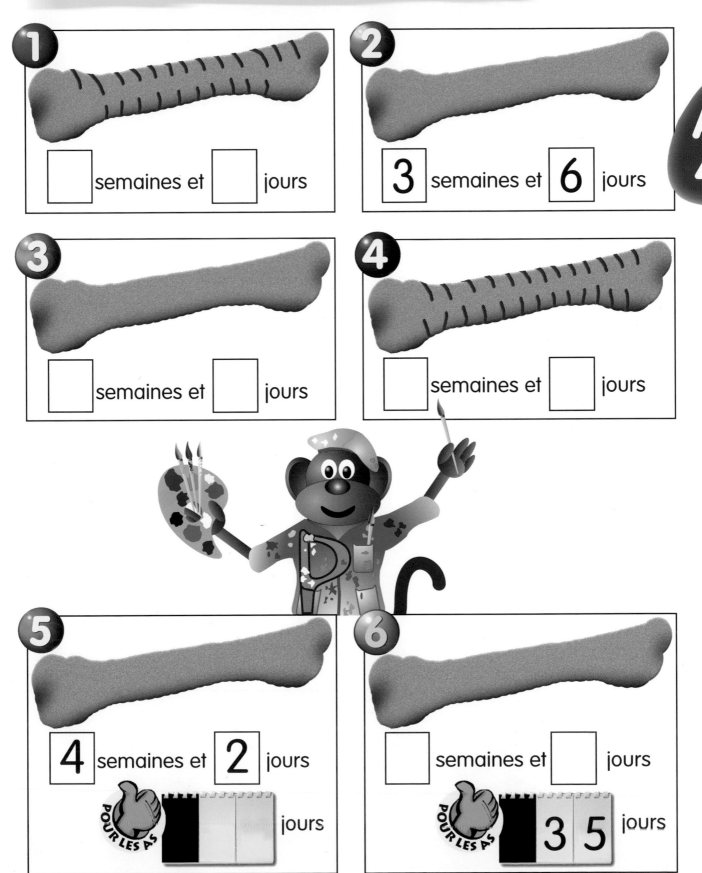

1

□ semaines et □ jours

2

3 semaines et 6 jours

A 4

3

□ semaines et □ jours

4

□ semaines et □ jours

5

4 semaines et 2 jours

POUR LES AS

□□ jours

6

□ semaines et □ jours

POUR LES AS

3 5 jours

Voici des commandes de fruits.
Dessine tous les fruits demandés, à la manière de Picto.
Note leur nombre total.

**A 5**

**1** 4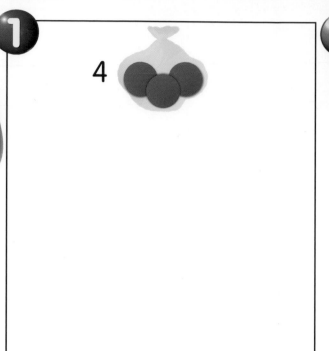

_____ oranges

**2** 5    3

_____ pamplemousses

**3** 4    3

_____ poires

**4** 2    1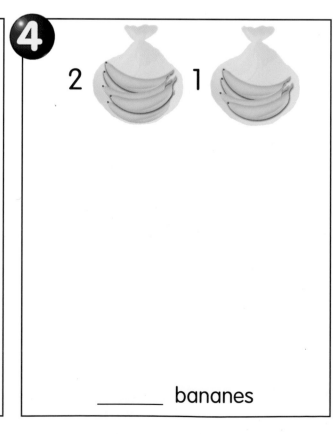

_____ bananes

Voici des commandes de fruits. À côté, on trouve leur traduction avec des symboles mathématiques et le nombre total de fruits. Ajoute les éléments qui manquent.

**1**

4  1

┌─────────────────────┐
│                     │
└─────────────────────┘
┌─────────────────────┐
│ _____ kiwis       │
└─────────────────────┘

**A 6**

**2**

5  2

┌─────────────────────┐
│                     │
└─────────────────────┘
┌─────────────────────┐
│ _____ pêches      │
└─────────────────────┘

**3**

2  3

┌─────────────────────┐
│                     │
└─────────────────────┘
┌─────────────────────┐
│ _____ prunes      │
└─────────────────────┘

**4**

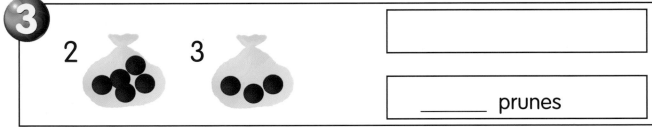

┌─────────────────────┐
│ (2 x 3) + (1 x 5)   │
└─────────────────────┘
┌─────────────────────┐
│ _____ pommes      │
└─────────────────────┘

**5**

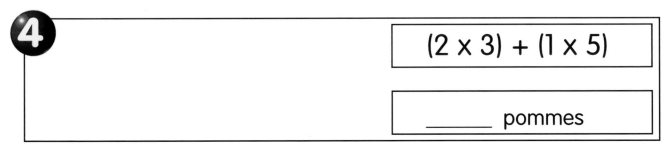

┌─────────────────────┐
│ (4 x 2) + (3 x 2)   │
└─────────────────────┘
┌─────────────────────┐
│ _____ cerises     │
└─────────────────────┘

**6**

┌─────────────────────┐
│ (2 x 2) + (3 x 4)   │
└─────────────────────┘
┌─────────────────────┐
│ _____ bananes     │
└─────────────────────┘

Il y a environ 10 000 ans, bon nombre d'hommes et de femmes ont cessé de vivre de la chasse. Fatigués de devoir constamment se déplacer à la recherche de leur nourriture, ils ont établi les premiers villages.

Dans chaque village, le seigneur accumulait diverses marchandises dans ses greniers : céréales, oeufs, viande ou lait. Chaque famille devait fournir sa part selon sa spécialité. Le seigneur redistribuait ensuite ces vivres à la population.

L'intendante est en train de compter des oeufs. Chaque caillou d'argile lui rappelle un oeuf compté.

Combien d'oeufs y a-t-il ?

a)

_____ oeufs

b)
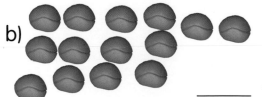

_____ oeufs

Les comptables préhistoriques se servaient de jetons d'argile pour compter diverses marchandises. Pour faciliter leurs calculs, ils utilisaient des jetons troués qu'ils enfilaient comme les perles d'un collier.

Prédis d'abord le nombre d'objets, puis fais tous les colliers possibles de 10 jetons.
Indique ensuite le nombre obtenu.

**A 8**

**1** Jetons-moutons

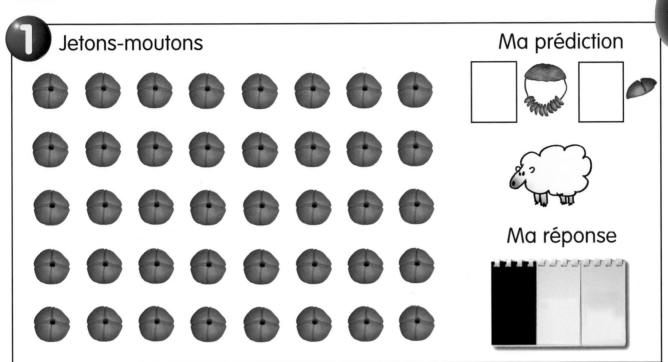

Ma prédiction

Ma réponse

**2** Jetons-robes

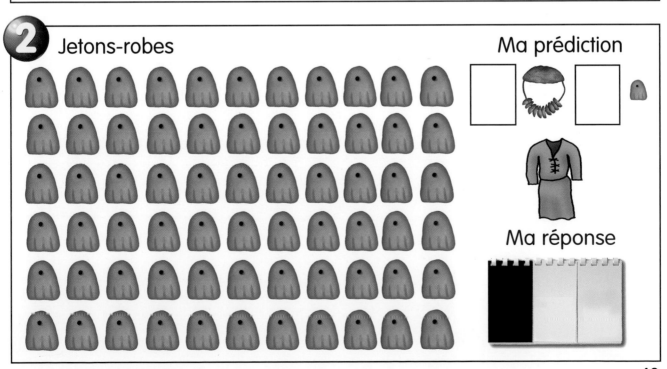

Ma prédiction

Ma réponse

Dessine la quantité de jetons demandée.
Complète les autres renseignements.

**A 9**

**1** Des chèvres

Groupements

| 3 | 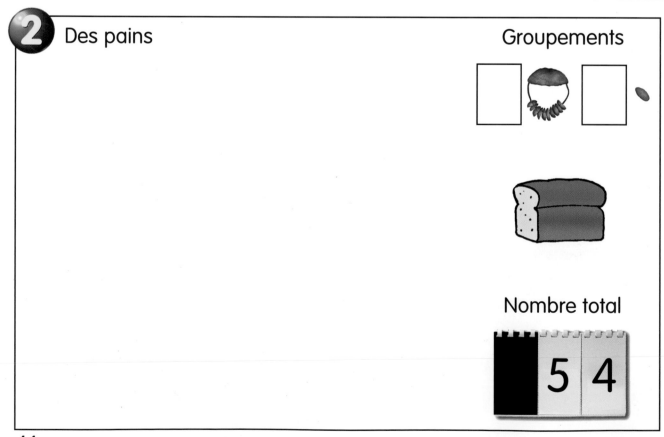 | 8 |

Nombre total

**2** Des pains

Groupements

|  |  |  |

Nombre total

5 4

Voici des expressions mathématiques.
Dessine tout ce qui est demandé, à la manière de Picto.
Écris ensuite le nombre total.

**1** 4 + 3 + 5

_____ maisons

**2** (3 x 6) + 2

_____ chevaux

**3** (4 x 2) + (3 x 3)

_____ pirouettes

**4** (2 x 10) + (4 x 1)

_____ heures par jour

A
10

# Des groupes...

Toutes les façons de compter aboutissent à l'idée de grouper. Les parties du corps ont donné naissance aux groupements les plus populaires : cinq, dix, douze, vingt et soixante.

## Compter par vingtaines

Voici une comptable maya du Vᵉ siècle. Elle utilise les doigts et les orteils de ces individus pour compter les vases du temple. Elle touche d'abord chaque doigt, puis les orteils d'une personne. Elle recommence avec la suivante.
La comptable annonce : « Nous en avons quatre personnes et douze doigts. »

Combien cela fait-il de vases ?

_____

## Compter par douzaines

Douzaines          Unités

À chaque douzaine comptée sur la main droite, un doigt de la main gauche se dresse.

Combien d'objets ont été comptés ? _____

# ... en grappes

## Compter par dizaines
C'est le groupement par dix qui demeure le plus populaire.

Il y a maintenant plus de deux ans que Robinson Crusoé a échoué sur son île déserte.

Euh ! Je ferais mieux de recompter. Je crois avoir oublié un paquet…

Compte les marques et indique le nombre exact de jours passés sur cette île.

Ma réponse

**B 12**

Pour chaque arbre, groupe les marques.
Donne ensuite les renseignements demandés.

B
13

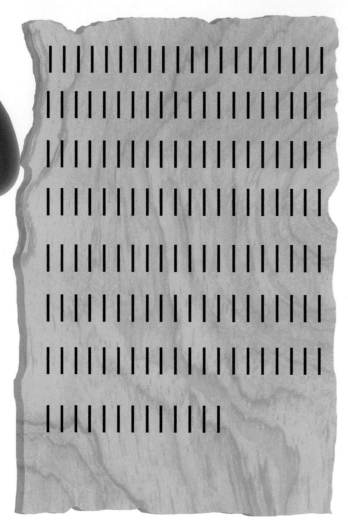
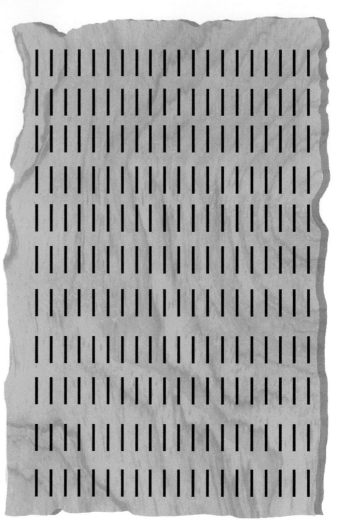

**1** Ma prédiction

Ma réponse

**2** Ma prédiction

Ma réponse

Sur chaque arbre, dessine les marques demandées.
Groupe-les à la manière de Robinson Crusoé.

**B 14**

**1** 1 4 8

**2** 2 0 4

**1** À l'épicerie, 12 douzaines d'oeufs sont placées sur le comptoir. Dessine les oeufs qui manquent.

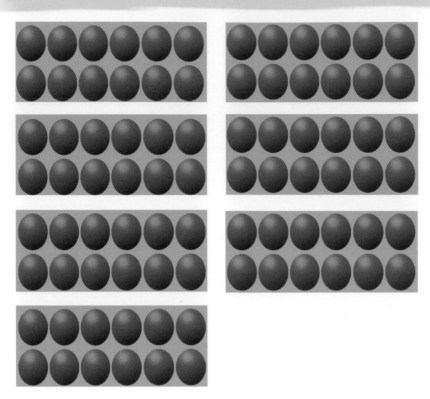

**2** Combien cela fait-il d'oeufs?

Ma prédiction

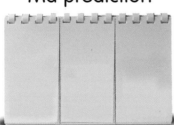

Ma réponse

**3** Sur une feuille de papier du bac à recyclage, dessine 30 douzaines d'oeufs. Combien cela fait-il d'oeufs?

Ma prédiction

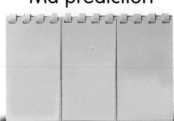

Ma réponse

50

Pour chaque arbre, regroupe les centaines.
Donne les renseignements demandés.

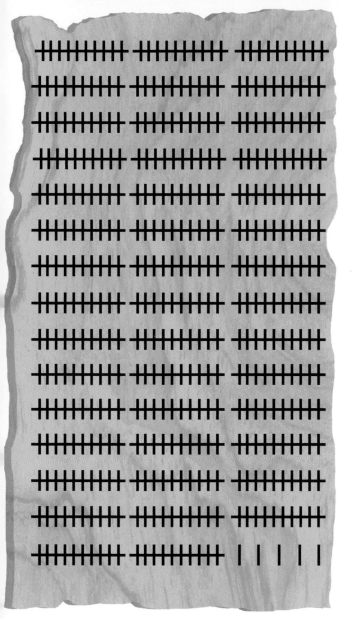

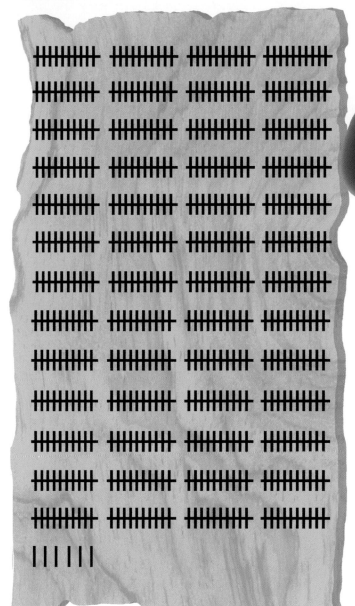

①

②

③ Combien cela fait-il de jours pour les deux arbres réunis?

**1** Une machine fabrique un ballon de fête par seconde.
Combien de minutes et de secondes lui faut-il pour fabriquer tous ces ballons?

1 minute dure 60 secondes.

B 17

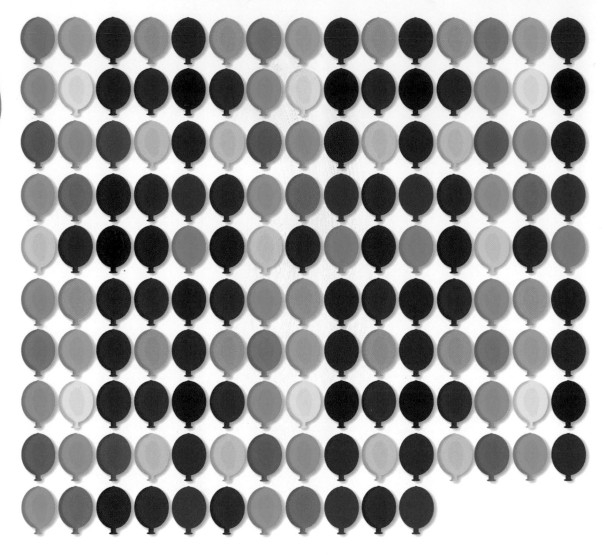

_____ minutes et _____ secondes

**2** Combien de ballons de fête ont été fabriqués?
Fais d'abord une prédiction.

Ma prédiction

Ma réponse

52

Voici un solitaire qui t'aidera à mémoriser les complémentaires de 5 et de 10. On l'appelle LA PYRAMIDE.

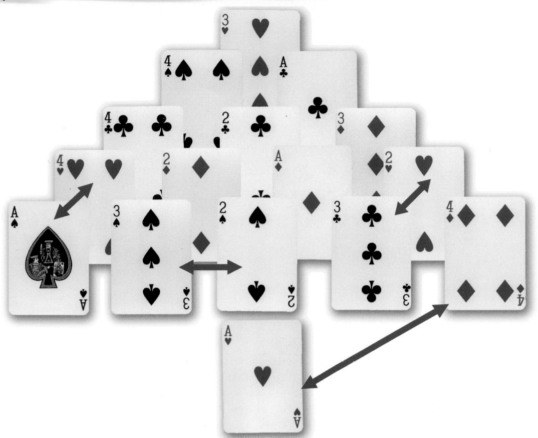

**Cartes :** Tous les as, les deux, les trois et les quatre (16 cartes).

**Disposition :** Mêler les cartes et construire une pyramide comme sur l'illustration. Placer la dernière carte au bas de la pyramide.

**But :** Retirer toutes les cartes de la pyramide.

**Règles du jeu :** Retirer, deux par deux, des cartes libres dont la somme des points est égale à 5.

**Exemple :** as de coeur et quatre de carreau ; puis deux et trois de pique ; ensuite, as de pique et quatre de coeur ; et finalement deux de coeur et trois de trèfle. Le jeu s'arrête quand les cartes sont toutes bloquées.

**Variante :** Avec les cartes de l'as au neuf, disposer une pyramide de 36 cartes. Retirer des sommes de 10.

# Mesures d'économie...

C'est un grand jour, car aujourd'hui Penny va briser sa tirelire. Sa tirelire est pleine à craquer.

Il doit bien y avoir un million de pièces !

Tout bien compté, il y a exactement 715 pièces de un cent.

**La fortune de Penny**
Après avoir roulé toutes ses pièces, Penny se rend au dépanneur du coin.

Seulement six pièces de monnaie en échange de tout mon magot ! C'est louche...

Penny s'est-elle fait rouler ? _____

54

# ... et économie d'écriture

Les comptables de l'Antiquité en avaient assez de manipuler des tas de cailloux ou des bâtons couverts d'encoches.
Ils ont décidé de simplifier leur façon de représenter les nombres.

Pour y arriver, ils ont cependant dû accepter de perdre de vue chaque objet compté.
Ils ont alors amélioré leur façon de «faire comme si...».

**C 20**

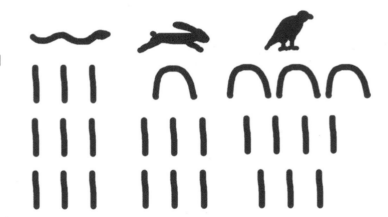

Sur le mur d'une pyramide, un artiste du temps des pharaons a gravé une liste des animaux du temple : 9 serpents, 16 lapins et 37 oiseaux.
Ouvre bien l'oeil et tu pourras déchiffrer son système.

Que signifient ces symboles ?

a)

b)

Les systèmes de numération inventés par les humains simplifient l'écriture des grands nombres. Ils ressemblent à des codes secrets.
La clé pour déchiffrer le système égyptien t'est donnée ci-contre.

| Clé | |
|---|---|
| 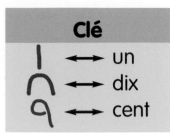 | |

**C 21**

**1** Utilise la clé pour traduire les nombres égyptiens suivants.

a)

b)

c)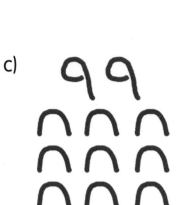

**2** Représente chacun des nombres suivants en utilisant le système égyptien.

a)
2 3 4

b)
5 0 6

c)
4 7 0

Un jeton représente 1 ¢. Quel montant d'argent est représenté par chaque ensemble ? Encercle ta réponse.

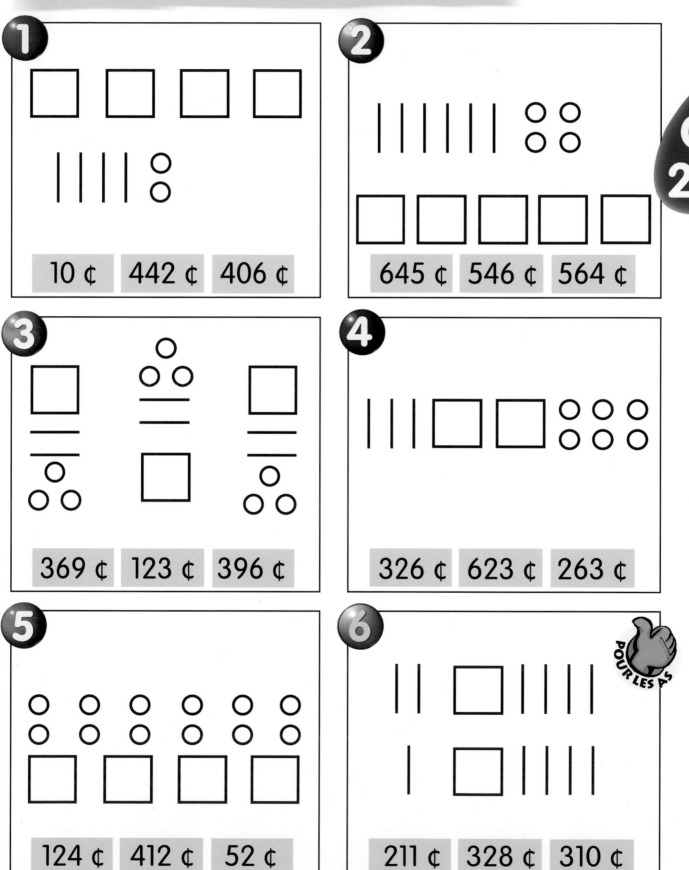

**1**

10 ¢    442 ¢    406 ¢

**2**

645 ¢    546 ¢    564 ¢

**3**

369 ¢    123 ¢    396 ¢

**4**

326 ¢    623 ¢    263 ¢

**5**

124 ¢    412 ¢    52 ¢

**6**

211 ¢    328 ¢    310 ¢

POUR LES AS

C 22

Représente chaque nombre de deux façons différentes
en dessinant des blocs de base dix.

| | Première façon | Deuxième façon |
|---|---|---|
| **1** 53 | | |
| **2** 345 | | |
| **3** 200 | | |
| **4** 107 | | |
| **5** 589 | | |

C
23

Fiche complémentaire *Numération 13*

**1** Utilise tes blocs de base dix et complète les égalités.

a) 5 centaines + 4 dizaines + 3 unités = _____

b) 2 unités + 1 dizaine + 6 centaines = _____

 **C 24**

c) 9 centaines + 5 unités + 4 unités = _____

d) 7 unités + 3 dizaines + 2 dizaines = _____

e) 5 unités + 4 centaines + 11 dizaines = _____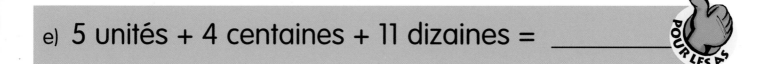

 **2** Essaie de compléter les égalités sans utiliser tes blocs de base dix.

a) 1 centaine + 6 dizaines + 9 unités = _____

b) 6 dizaines + 1 dizaine + 2 dizaines = _____

c) 4 dizaines + 8 unités + 6 centaines = _____

d) 5 dizaines + 7 centaines + 4 dizaines = _____

e) 3 unités + 10 dizaines + 7 unités = _____

Chaque ensemble représente le nombre de spectateurs et de spectatrices ayant assisté à un concert.
Écris ce nombre sur chaque compteur.

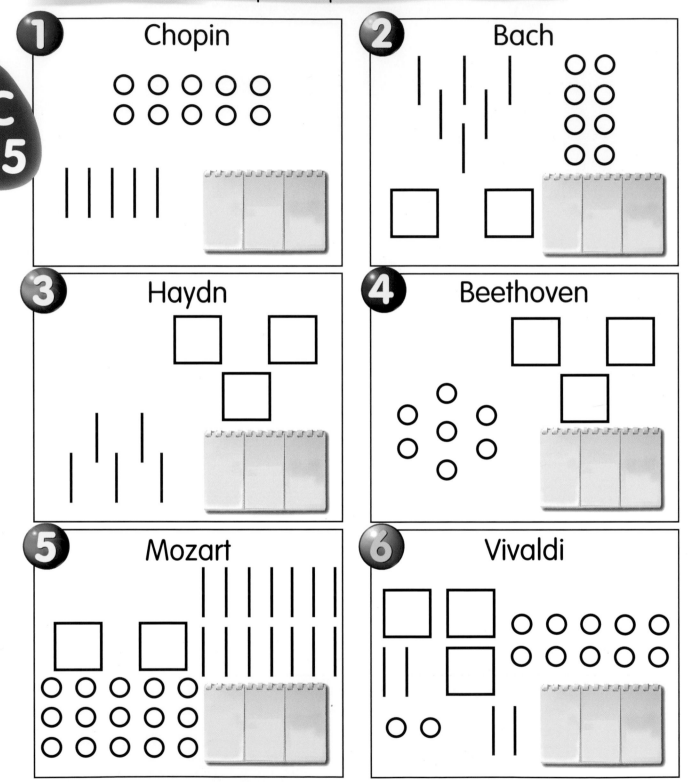

Encercle le concert qui a été le plus populaire.

Indique la somme de chaque ensemble
de pièces et représente-la avec des blocs
de base dix. Complète le premier cas.

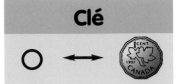
**1**

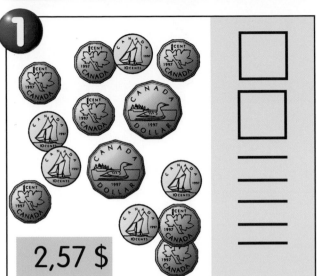

2,57 $

**2**

$

**3**

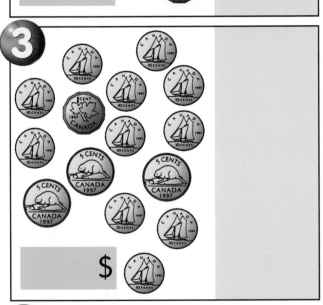

$

**4**

$

**5**

$

**6**

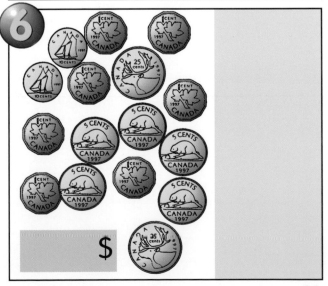

$

Complète les portraits de nombres.

**1**

## Portrait de 35

35 = _____ dizaine(s) + _____ unité(s)
35 = _____ dizaine(s) + _____ unité(s)
35 = _____ dizaine(s) + _____ unité(s)
35 = _____ dizaine(s) + _____ unité(s)

C 27

**2**

## Portrait de 46

46 = _____ dizaine(s) + _____ unité(s)
46 = _____ dizaine(s) + _____ unité(s)
46 = _____ dizaine(s) + _____ unité(s)
46 = _____ dizaine(s) + _____ unité(s)
46 = _____ dizaine(s) + _____ unité(s)

**3**

## Portrait de 72

72 = _____ dizaine(s) + _____ unité(s)
72 = _____ dizaine(s) + _____ unité(s)
72 = _____ dizaine(s) + _____ unité(s)
72 = _____ dizaine(s) + _____ unité(s)
72 = _____ dizaine(s) + _____ unité(s)
72 = _____ dizaine(s) + _____ unité(s)
72 = _____ dizaine(s) + _____ unité(s)
72 = _____ dizaine(s) + _____ unité(s)

**1** Place <, > ou = dans chaque cercle.
Aide-toi de tes blocs de base dix.

a) 45 ◯ 4 unités + 5 dizaines

b) 71 ◯ 3 dizaines + 5 dizaines

c) 38 ◯ 5 unités + 3 unités + 2 dizaines

d) 41 + 1 dizaine ◯ 5 dizaines

e) 3 centaines – 2 dizaines ◯ 282

f) 30 secondes + 40 secondes ◯ 1 minute

g) 1 minute + 10 secondes ◯ 70 secondes

**2** Utilise la clé pour compléter les égalités.

a) _____ = 8 u + 3 c + 7 u + 4 d

b) _____ = 5 c + 11 d + 4 u + 2 c

c) _____ = 2 c + 5 d + 4 u – 1 d

d) _____ = 7 c + 3 u – 2 d

e) _____ = 345 + 7 d – 1 c – 5 u

| Clé | |
|---|---|
| c ⟷ | centaine |
| d ⟷ | dizaine |
| u ⟷ | unité |

f) _____ = 4 c – 4 d – 4 u

g) _____ = (2 x 4 c) + (3 x 5 u)

h) _____ = (3 x 4 d) + (5 x 2 u)

Illustre chaque nombre en respectant les consignes.

# Dessins des blocs de base dix

**1** 230
Utilise seulement 2 bandes.

**2** 420
Utilise seulement 3 plaques.

**3** 203
N'utilise aucune plaque.

**4** 310
Utilise des jetons.

**5** 405
Utilise au moins les blocs dessinés.

C 29

POUR LES AS

Les blocs de base dix peuvent devenir des unités de mesure par la magie d'un simple bricolage.

| **Blocs de base dix** | **Unités de mesure** |
|---|---|
| jeton | 1 centimètre = 1 cm |

unité

bande — 1 décimètre = 1 dm = 10 cm

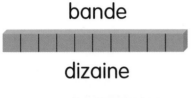

dizaine

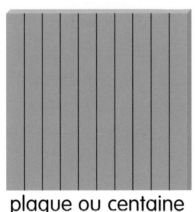 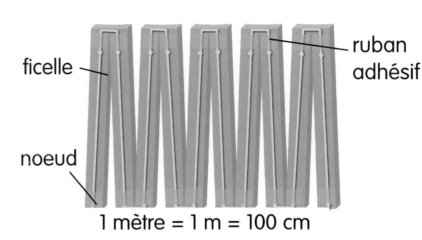

ficelle

ruban adhésif

noeud

plaque ou centaine — 1 mètre = 1 m = 100 cm

Ces ressemblances peuvent t'aider à compléter des égalités portant sur des unités de mesure.

| **Clé** | |
|---|---|
| 1 unité | ←→ 1 cm |
| 1 dizaine | ←→ 1 dm |
| 1 centaine | ←→ 1 m |

**EXEMPLE**

**1 m + 2 dm + 3 cm = 123 cm**

**1 centaine + 2 dizaines + 3 unités = 123**

Complète les égalités en centimètres.

a) 2 cm + 5 dm + 7 m = _____

b) 1 cm + 4 dm + 5 cm + 8 dm = _____

c) 6 cm + 2 cm + 8 cm + 10 dm + 3 m + 9 dm = _____

d) 5 dm − 3 cm = _____

# Labyrinthes et...

À première vue, notre système de numération ressemble à un labyrinthe. Pourtant, quand on y regarde de plus près, c'est un magnifique château où tout est fort bien ordonné. Des passages secrets y sont dissimulés. Apprends à les emprunter et tu éviteras de t'égarer dans un labyrinthe de calculs…

**Chasse au trésor**
Le château cache un fabuleux trésor. Votre équipe doit découvrir le chemin le plus court. Plusieurs obstacles vous ralentissent et vous épuisent.

À partir de la chambre 52, je dois avancer de 31 pièces. Mais je connais une façon d'y arriver bien plus rapidement… Réfléchis et tu comprendras !

Plusieurs secrets du calcul mental se cachent dans ce château.

... passages secrets

**D 32**

| 90 | 91 | 92 | 93 | 94 | 95 | 96 | 97 | 98 | 99 |
| 80 | 81 | 82 | 83 | 84 | 85 | 86 | 87 | 88 | 89 |
| 70 | 71 | 72 | 73 | 74 | 75 | 76 | 77 | 78 | 79 |
| 60 | 61 | 62 | 63 | 64 | 65 | 66 | 67 | 68 | 69 |
| 50 | 51 | 52 | 53 | 54 | 55 | 56 | 57 | 58 | 59 |
| 40 | 41 | 42 | 43 | 44 | 45 | 46 | 47 | 48 | 49 |
| 30 | 31 | 32 | 33 | 34 | 35 | 36 | 37 | 38 | 39 |
| 20 | 21 | 22 | 23 | 24 | 25 | 26 | 27 | 28 | 29 |
| 10 | 11 | 12 | 13 | 14 | 15 | 16 | 17 | 18 | 19 |
| Entrée 00 | 01 | 02 | 03 | 04 | 05 | 06 | 07 | 08 | 09 |

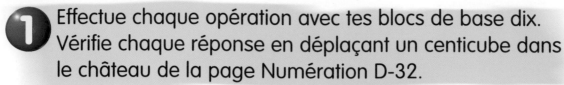

**1** Effectue chaque opération avec tes blocs de base dix. Vérifie chaque réponse en déplaçant un centicube dans le château de la page Numération D-32.

**D 33**

a)
$$\begin{array}{r} 21 \\ +34 \\ \hline \end{array}$$

b)
$$\begin{array}{r} 75 \\ -23 \\ \hline \end{array}$$

c)
$$\begin{array}{r} 58 \\ +25 \\ \hline \end{array}$$

d)
$$\begin{array}{r} 51 \\ -16 \\ \hline \end{array}$$

e)
$$\begin{array}{r} 35 \\ +27 \\ \hline \end{array}$$

f)
$$\begin{array}{r} 90 \\ -28 \\ \hline \end{array}$$

g)
$$\begin{array}{r} 29 \\ +49 \\ \hline \end{array}$$

h)
$$\begin{array}{r} 93 \\ -25 \\ \hline \end{array}$$

i)
$$\begin{array}{r} 17 \\ +18 \\ \hline \end{array}$$

j)
$$\begin{array}{r} 82 \\ -19 \\ \hline \end{array}$$

k)
$$\begin{array}{r} 59 \\ +24 \\ \hline \end{array}$$

l)
$$\begin{array}{r} 80 \\ -35 \\ \hline \end{array}$$

**2** Chaque réponse du numéro 1 correspond à une lettre du mot de passe donnant accès au trésor.

| 34 | 35 | 36 | 38 | 39 | 44 | 45 | 46 | 51 | 52 | 55 | 56 | 62 |
|----|----|----|----|----|----|----|----|----|----|----|----|----|
| X | A | Q | M | D | H | E | Z | F | Y | T | P | N |

| 63 | 64 | 67 | 68 | 72 | 73 | 78 | 79 | 83 | 84 | 85 | 92 | 93 |
|----|----|----|----|----|----|----|----|----|----|----|----|----|
| U | L | V | S | J | G | O | B | R | I | W | C | K |

Le mot de passe est : _____ .

Fiche complémentaire *Numération 21*

Voici un exemple qui montre comment
fabriquer un casse-tête numérique.

 Écris d'abord les nombres qui manquent.

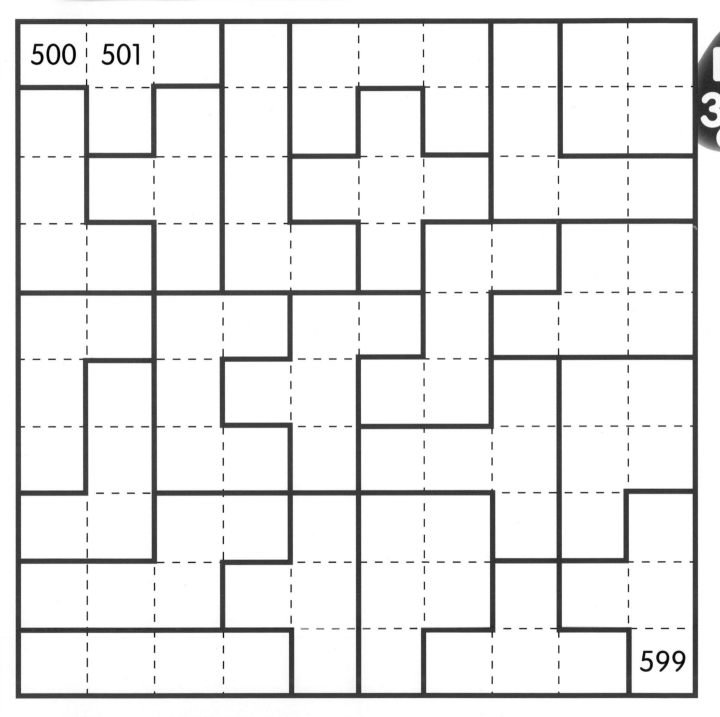

500 | 501

D
34
a

599

2 Recopie cette grille de nombres sur
la fiche complémentaire 22.
Jette ensuite un coup d'oeil à la page suivante.

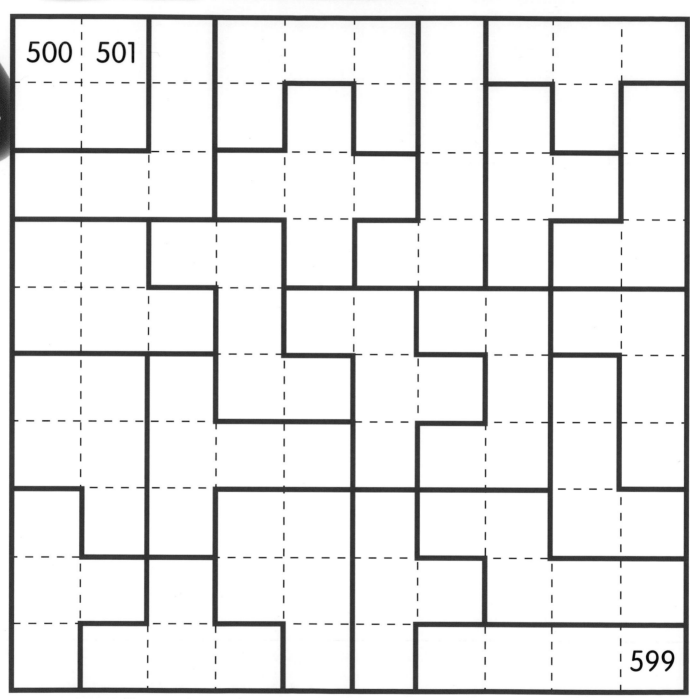

| 500 | 501 | | | | | | | |

599

Tu obtiendras un casse-tête recto-verso.
Le défi n'en sera que plus grand !

**1** Voici quelques morceaux d'un casse-tête
des nombres 0 à 99.
Récris les nombres qui ont été effacés.

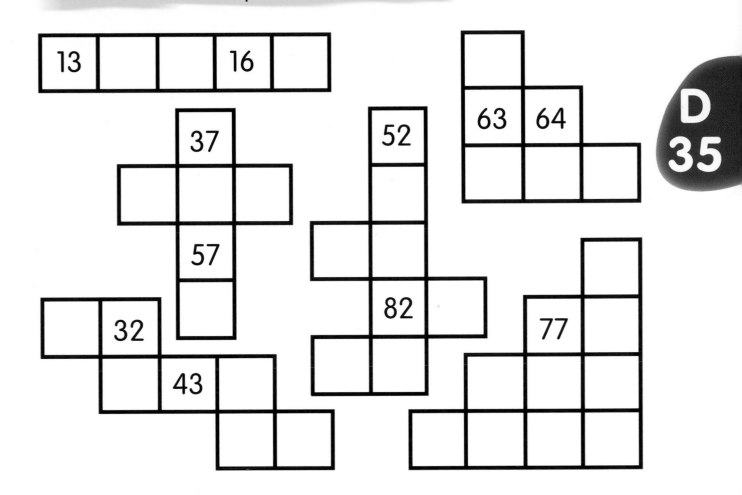

**2** Un seul de ces trois morceaux peut appartenir
au casse-tête du numéro 1. Encercle-le.

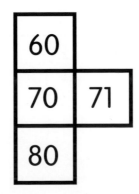

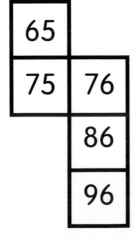

**1** Voici quelques morceaux d'un immense casse-tête des nombres 0 à 999. Récris les nombres qui ont été effacés.

**D 36**

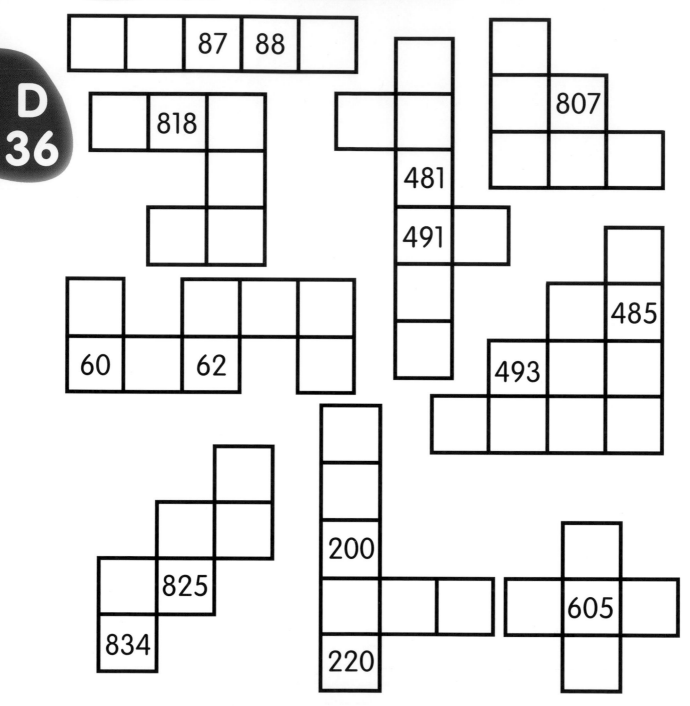

|   |   | 87 | 88 |   |

|   | 818 |   |
| 60 |   | 62 |

481
491

807

493 | | 485

825
834

200
220

605

**2** L'un des morceaux ci-dessus n'appartient pas au casse-tête. Encercle-le.

72

**1** Sur ta calculette, essaie chacune de ces suites de touches.

$+$ $2$ $=$ $=$ $=$ $=$

ou

$2$ $+$ $=$ $=$ $=$ $=$

As-tu obtenu 8 ?

En ajoutant autant de touches $=$ que tu le veux, sera-t-il possible d'afficher les nombres suivants ?

Encercle ceux que tu crois possibles, puis vérifie.

**12    21    30    48    101**

**2** Cette suite de touches permet de compter par bonds de 5 à partir de 50 et jusqu'à 85. Essaie-la.

POUR LES AS

$5$ $0$ $+$ $5$ $=$ $=$ $=$ $=$ $=$ $=$ $=$

Où s'arrêtera chacune de ces suites ?
Inscris ta prédiction avant de vérifier.

Prédiction    Vérification

a) $6$ $+$ $2$ $=$ $=$ $=$ $=$ $=$ $=$

b) $8$ $0$ $+$ $1$ $0$ $=$ $=$ $=$ $=$

c) $2$ $5$ $+$ $1$ $0$ $0$ $=$ $=$ $=$

**1** Complète les égalités suivantes à l'aide de tes blocs de base dix. Vérifie chacune des égalités en déplaçant un centicube dans le château de la page Numération D-32.

a) 31 + 7 unités + 9 unités = _____

b) 76 – 3 dizaines + 2 unités = _____

c) 48 + 12 unités + 2 dizaines = _____

d) 85 – 19 unités + 4 unités = _____

e) 80 – 6 unités + 2 dizaines = _____

**2** Utilise le château ou tes blocs de base dix pour effectuer les opérations suivantes. Vérifie tes réponses avec ta calculette.

Vérifie !

a) 80 + 10 = _____      b) 30 + 40 = _____

c) 60 – 10 = _____      d) 50 – 30 = _____

e) 32 + 30 = _____      f) 54 + 20 = _____

g) 75 – 70 = _____      h) 92 – 68 = _____

i) 43 + 48 = _____      j) 64 + 29 = _____

D 38

**1** Voici le jeu du nombre caché. Élimine toutes les combinaisons de deux cases qui font 10.

$6 + 4 = 10$

| | | | | | | | | |
|---|---|---|---|---|---|---|---|---|
| ~~6~~ | 5 | 8 | 6 | 7 | 9 | 2 | 1 | 8 |
| 8 | 7 | 2 | 1 | 9 | 6 | 2 | 5 | 9 |
| 5 | 1 | 9 | 6 | 3 | 7 | 4 | 2 | 7 |
| ~~4~~ | 3 | 7 | 1 | 4 | 2 | 6 | 3 | 3 |
| 9 | 4 | 8 | 2 | 5 | 8 | 3 | 1 | 4 |

Le nombre caché est celui qui demeure tout seul à la fin.

Nombre caché : _____

**2** Dans ce jeu du nombre caché, élimine autant de centaines que tu le peux en additionnant les cases deux à deux.

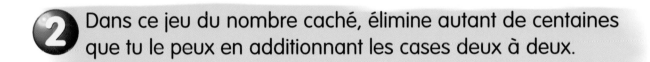

| | | | | | | | | |
|---|---|---|---|---|---|---|---|---|
| 10 | 40 | 70 | 80 | 40 | 70 | 50 | 80 | 10 |
| 40 | 80 | 70 | 40 | ~~80~~ | 60 | 10 | 30 | 20 |
| ~~20~~ | 70 | 50 | 70 | 10 | 80 | 50 | 60 | 90 |
| 90 | 30 | 60 | 10 | 20 | 60 | 90 | 20 | 90 |
| 60 | 30 | 20 | 30 | 80 | 30 | 90 | 50 | 40 |

Nombre caché : _____

# Des visages...

**E 40**

Cette année, tu as eu l'occasion de découvrir plusieurs visages des nombres.

Bien que différents, ces visages ont beaucoup de ressemblances. Joue à « faire comme si... » en décrivant l'un avec les mots de l'autre.

**1** Blocs de base dix

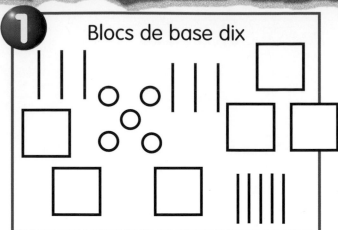

**2** Jours

**3** Chiffres égyptiens

**4** Groupements
**3 centaines + 11 dizaines + 6 unités**

**5** Mesures de longueur
**13 cm + 10 dm + 5 m**

**6** Pièces de monnaie

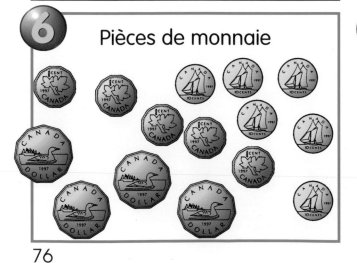

**7** Numération de position

4 7 8

# ... et des nombres

Même quand ils adoptent le même visage, les nombres aiment le changement…
Observe toutes ces représentations du nombre 456.
Encercle la meilleure.

**1**

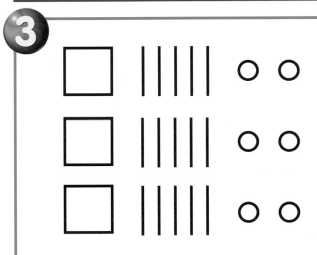

**2**

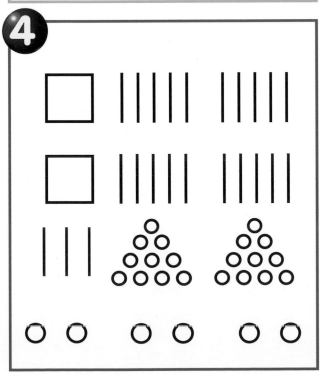

**3**

**4**

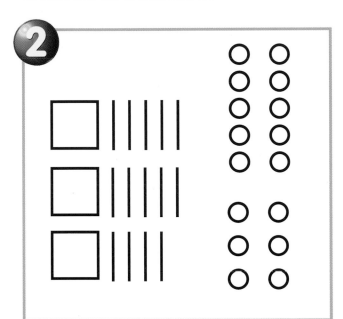

**5**

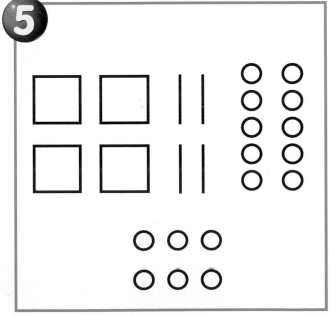

Chaque ensemble doit contenir de la monnaie pour 1 $.
Dessine ce qui manque en utilisant le moins de pièces possible.

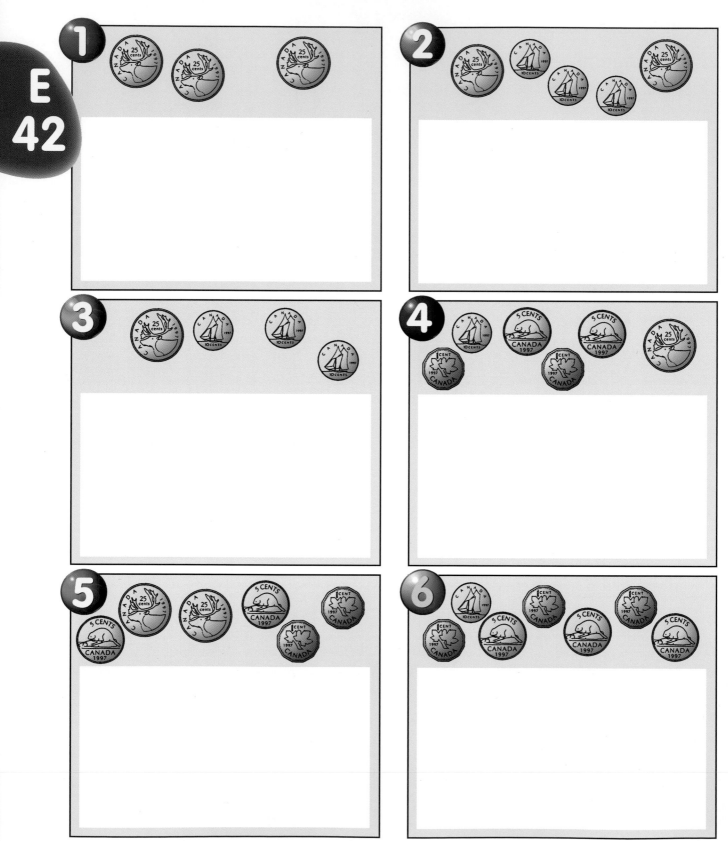

**1** Utilise tes blocs de base dix et complète les égalités.

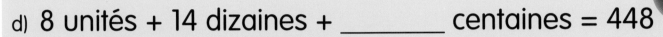

a) 6 centaines + 4 unités + _____ dizaines = 674

b) 2 dizaines + 7 centaines + _____ dizaines = 800

c) 9 centaines + _____ unités + 5 dizaines = 963

d) 8 unités + 14 dizaines + _____ centaines = 448

e) 2 centaines + _____ dizaines + 14 unités = 334

**2** Utilise tes blocs de base dix et complète les égalités.

**Vérifie!**

a) 300 + 200 = _____   b) 500 + 400 = _____

c) 800 – 400 = _____   d) 360 – 100 = _____

e) 540 + 320 = _____   f) 160 + 640 = _____

g) 770 – 230 = _____   h) 850 – 80 = _____

i) 280 + 150 = _____   j) 450 + 380 = _____

k) 500 – 250 = _____   l) 900 – 680 = _____

Chaque ensemble doit contenir la somme d'argent indiquée. Ajoute ce qui manque en dessinant des blocs de base dix.

| Clé |
|---|

**1**    80 ¢

**2**    79 ¢
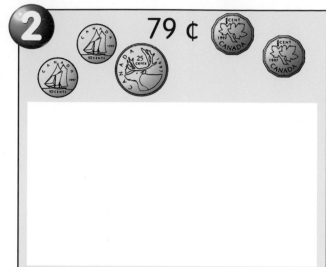

**3**    2,00 $ = 200 ¢

**4**    2,48 $

**5**    4,50 $

**6**    5,12 $

POUR LES AS

Pour chaque achat, tu donnes la somme d'argent qui est illustrée. Dessine les pièces qui te seront remises. Utilise le moins de pièces possible.

**1** Tu donnes…

On te remet…

E 45

**2** Tu donnes…

On te remet…

**3** Tu donnes…

On te remet…

**1** Utilise tes blocs de base dix et complète les égalités.

a) 3 × (2 centaines + 4 dizaines + 6 unités) = _____

b) 4 × (3 dizaines + 2 centaines + 5 unités) = _____

c) 2 × (4 centaines + 7 unités + 8 dizaines) = _____

d) $\dfrac{2 \text{ centaines} + 8 \text{ dizaines} + 4 \text{ unités}}{2}$ = _____

e) $\dfrac{3 \text{ centaines} + 4 \text{ dizaines} + 3 \text{ unités}}{3}$ = _____

**2** Utilise tes blocs de base dix et complète les égalités.

a) 453 – 3 dizaines + 7 unités = _____

b) 317 – 5 dizaines – 4 unités = _____

c) 6 centaines – 120 – 5 unités = _____

d) $\dfrac{4 \text{ centaines} + 11 \text{ dizaines} + 7 \text{ unités}}{4}$ = _____

e) $\dfrac{5 \text{ dizaines} + 3 \text{ unités}}{2}$ = _____

Ces blocs de base dix représentent des animaux.
Dessine les blocs qui manquent.

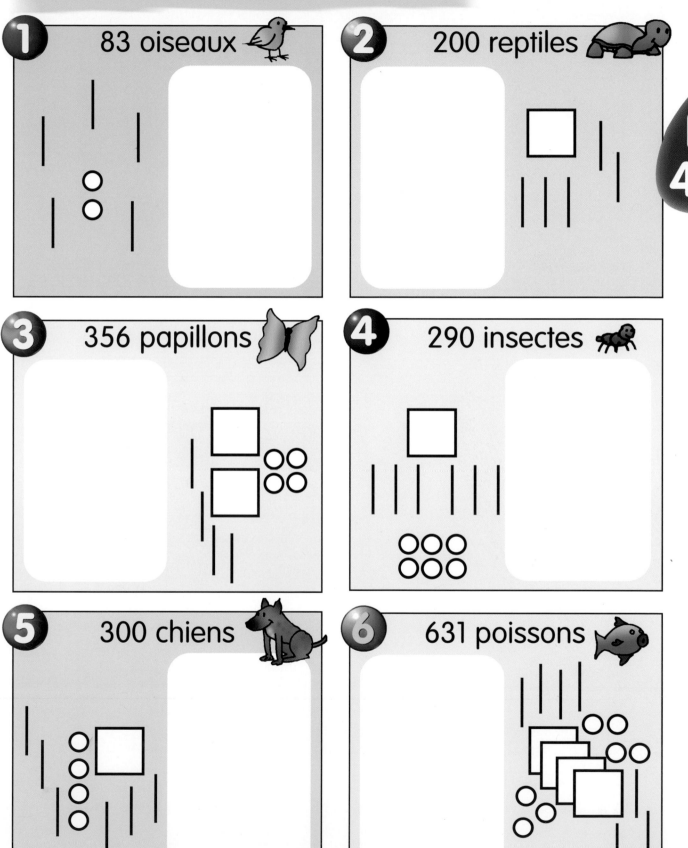

1 83 oiseaux

2 200 reptiles

3 356 papillons

4 290 insectes

5 300 chiens

6 631 poissons

E 47

# Les nouilles de base dix

Caboche commence son devoir de mathématiques.

> Quelle nouille je suis ! J'ai oublié mes blocs de base dix à l'école ! Comment faire mes calculs sans mes blocs ?

« Nouille ! Nouille ! » se répète Caboche. Puis, un éclair lui traverse l'esprit… « Pourquoi pas des nouilles de base dix ? »

coude

spirale

coquille

Comme pour les blocs de base dix, la valeur de chaque nouille dépend de sa forme.

Voici trois ensembles de nouilles de base dix et le nombre représenté par chacun. Découvre comment fonctionne le système inventé par Caboche.

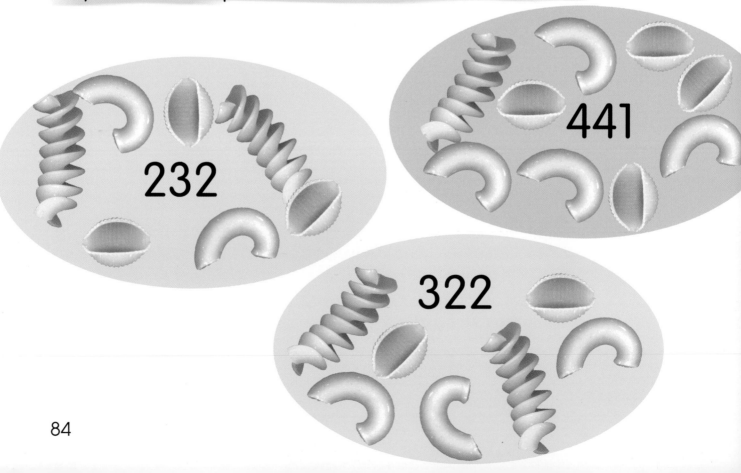

232

441

322

**1** Combien chaque contenant peut-il recevoir de « centicubes » d'eau ?

Imagine un centicube entièrement composé d'eau.
Tu aurais alors exactement 1 millilitre d'eau !

E 49

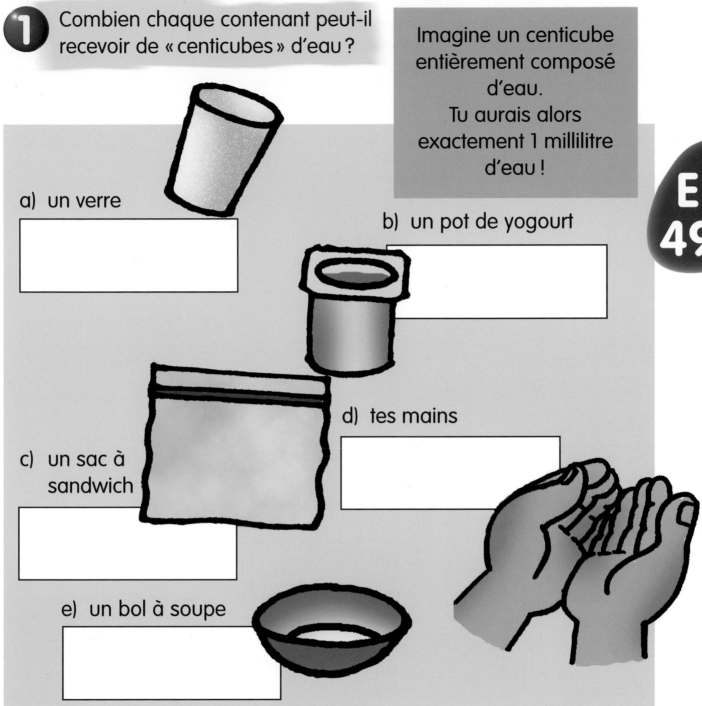

a) un verre

b) un pot de yogourt

c) un sac à sandwich

d) tes mains

e) un bol à soupe

En équipe, notez d'abord vos prédictions, puis effectuez les mesures.

**2** Combien de « centicubes » d'eau faudrait-il pour remplir un carton de lait de 2 litres ?

POUR LES AS

Imaginez des moyens de le découvrir, sachant qu'on ne vous donnera aucun cube.

Illustre chaque opération en dessinant des blocs de base dix. Complète ensuite la phrase mathématique.

Vérifie !

**E 50**

**1** 45 + 63 = _____

**2** 91 – 24 = _____

**3** 3 x 52 = _____

**4** 100 – 35 = _____

**1** Utilise tes blocs de base dix et la clé pour compléter les égalités.

E
51

| Clé | |
|---|---|
| c ⟷ | centaine |
| d ⟷ | dizaine |
| u ⟷ | unité |

a) 5 d + 7 u + 6 c + 5 d + 2 c = _____

b) 3 u + 5 c + 4 u + 11 d = _____

c) 7 d + 8 u – 2 d + 6 c – 5 u = _____

d) 1 u + 9 d + 7 c – 4 d – 2 u = _____

e) 12 d + 15 u – 1 c = _____

**2** Utilise tes blocs de base dix et complète les égalités.

a) (3 × 3 u) + (5 × 3 d) + (4 × 2 c) = _____

b) (6 × 2 u) + (4 × 3 d) + (2 × 3 c) = _____

c) (4 d × 2) + (2 c × 2) – 190 = _____

d) (5 u + 2 c + 4 d) × 3 = _____

e) $\dfrac{4\ c + 1\ d + 4\ u}{4}$ = _____

Observe les indices qui te permettent de découvrir le contenu des enveloppes mystères. Dessine les blocs et ajoute les renseignements qui manquent.

**1**

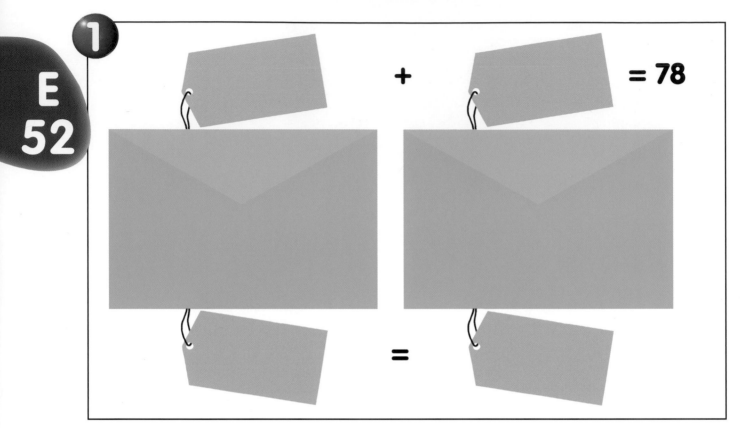

+ = 78

=

**2**

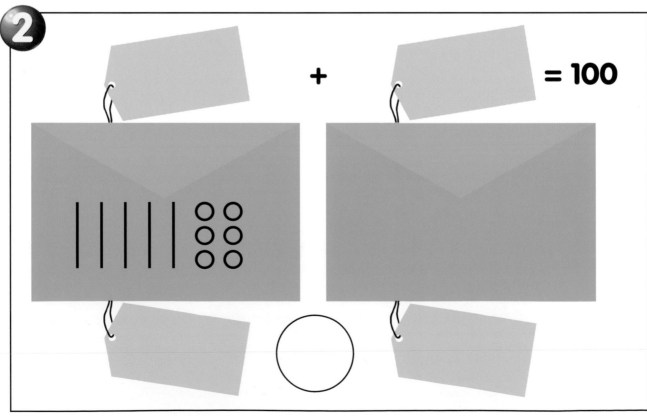

+ = 100

Illustre chaque opération en dessinant des blocs de base dix. Complète ensuite la phrase mathématique.

**Vérifie!**

**E 53**

**1** 256 + 87 = _____

**2** 301 – 154 = _____

**3** 346 + 554 = _____

**4** 236 x 3 = _____

Observe les indices qui te permettent de découvrir le contenu des enveloppes mystères. Dessine les blocs et ajoute les renseignements qui manquent.

**1**

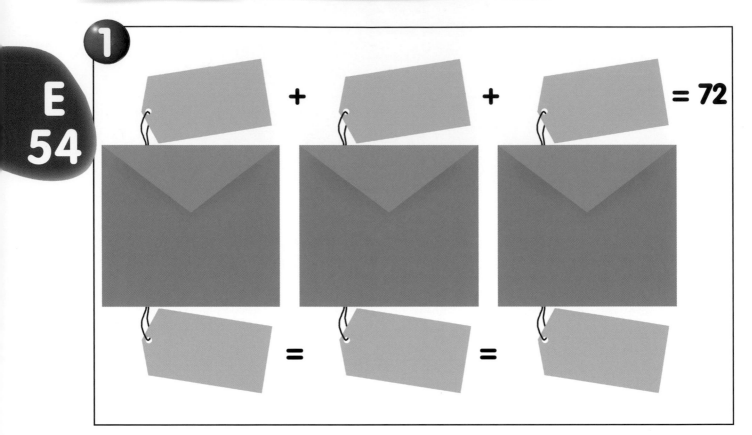

**2**

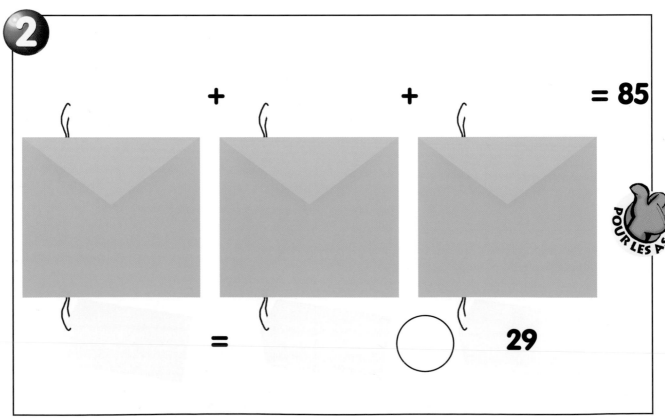

Répartis les objets comme on le demande en dessinant autant de blocs de base dix. Complète aussi l'égalité.

**1** Répartis également 73 biscuits dans 2 assiettes.

$$\frac{73}{2} =$$

E 55

**2** Répartis également 520 disques sur 4 tablettes.

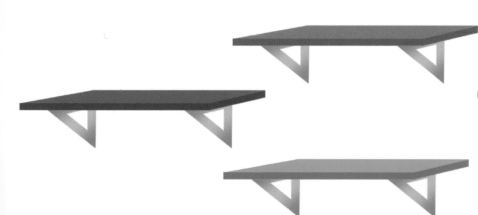

$$\frac{520}{4} =$$

**3** Répartis également 702 $ dans 3 tirelires.

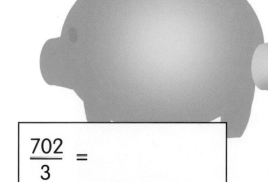

$$\frac{702}{3} =$$

Observe tous les indices qui te permettent de découvrir le contenu des enveloppes mystères. Dessine les blocs et ajoute les renseignements qui manquent.

POUR LES AS

**E 56**

**1**

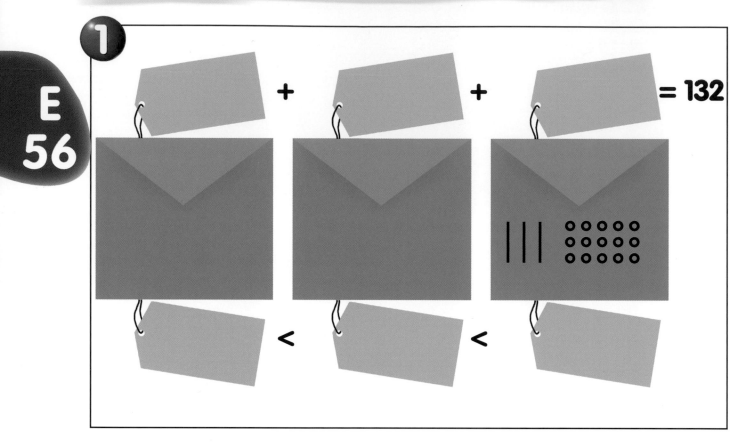

+ + = 132

< <

**2**

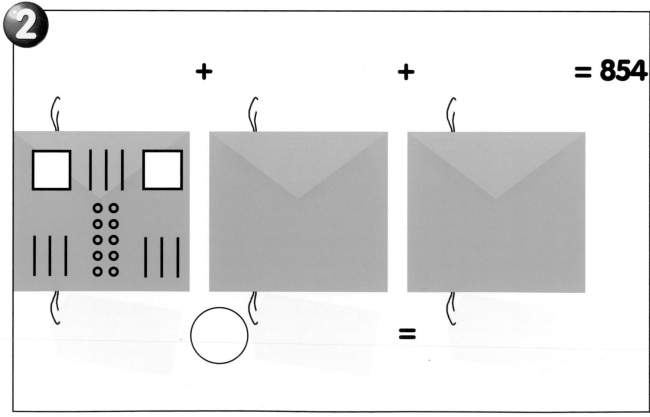

+ + = 854

=

# Géométrie

# Les trois petits cochons...

Connais-tu l'histoire des trois petits cochons ? Aujourd'hui, ils construisent un enclos rectangulaire pour protéger leurs chèvres.

*Nous avons 12 sections de clôture comme celle-ci. Faisons l'enclos long et étroit.*

*Je propose plutôt de le faire bien carré.*

*Non, il doit être allongé, mais pas trop.*

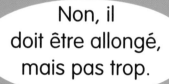

*C'est le cadet qui a raison. L'enclos qu'il veut construire est celui qui offre le plus d'espace pour élever des chèvres. Lequel est-ce ?*

**A 1**

# ... refont surface

Quand vient le temps de construire une nouvelle maison,
les trois petits cochons sont de nouveau bien embêtés.

Comment allons-nous construire notre maison ?

Nous avons besoin chacun d'une grande pièce cubique.

Il faut disposer ces trois pièces l'une à côté de l'autre.

La disposition des pièces doit faire en sorte qu'il nous en coûte moins cher en peinture.

Quelle est la meilleure façon de disposer les trois pièces de leur nouvelle maison ?

Il faut un seau de peinture pour peindre un mur extérieur carré.

Il faut donc quatre seaux pour les quatre murs d'une pièce.

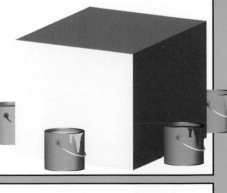

Deux pièces placées différemment changent le nombre de murs carrés à peindre.

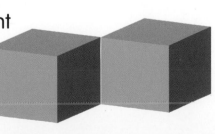

**1** Construis chacun des modèles illustrés.
Donne ensuite les renseignements demandés.

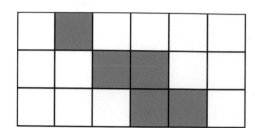

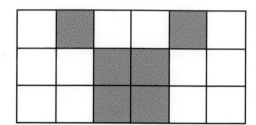

a) Pièces : 5
   Seaux de peinture : _____

b) Pièces : _____
   Seaux de peinture : _____

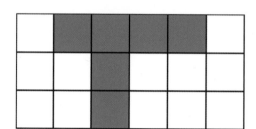

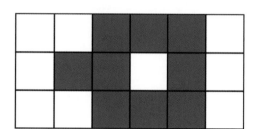

c) Pièces : _____
   Seaux de peinture : _____

d) Pièces : _____
   Seaux de peinture : _____

**Un centimètre carré**

**Un centimètre**

**2** L'**aire** de la figure a) du problème 1 est de **5 centimètres carrés.**
Son **périmètre** est de **14 centimètres.**

POUR LES AS

Trouve l'**aire** et le **périmètre** de la figure d).

Aire : _____

Périmètre : _____

Fiche complémentaire *Géométrie 3*

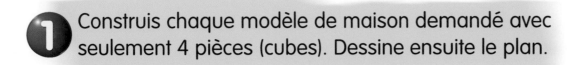

**1** Construis chaque modèle de maison demandé avec seulement 4 pièces (cubes). Dessine ensuite le plan.

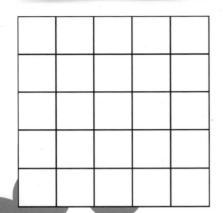

a) Il faut 12 seaux de peinture.

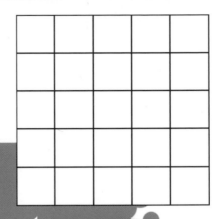

b) Il faut 14 seaux de peinture.

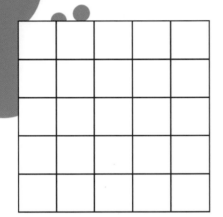

c) Il faut 10 seaux de peinture.

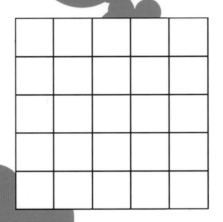

d) Il faut 13 seaux de peinture.

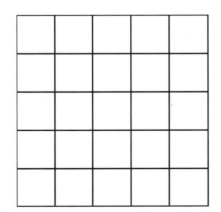

e) Il faut 16 seaux de peinture.

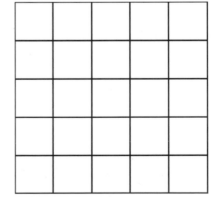

f) Il faut 8 seaux de peinture.

 **2**

a) Quelle est l'aire de la figure 1e) ? _____

b) Quel est le périmètre de la figure 1f) ? _____

A 4

**1** Construis chaque modèle de maison demandé.
Dessine ensuite le plan.

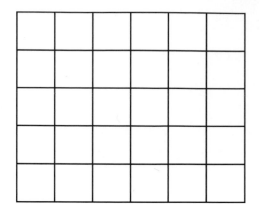

a) 5 pièces et 14 seaux

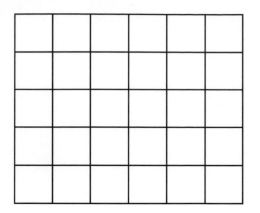

b) 6 pièces et 14 seaux

**A 5**

**2** Dessine une figure ayant les mesures données.

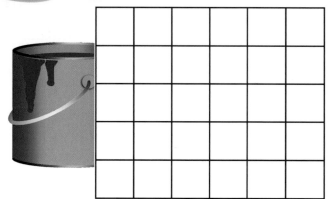

a) Aire : 5 centimètres carrés
Périmètre : 18 centimètres

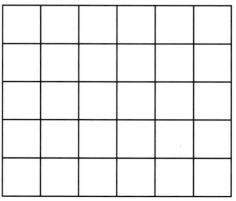

b) Aire : 6 centimètres carrés
Périmètre : 10 centimètres

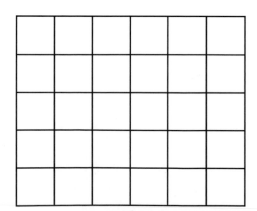

c) Aire : 5 centimètres carrés
Périmètre : 20 centimètres

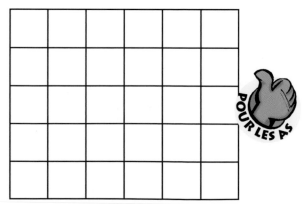

d) Aire : 14 centimètres carrés
Périmètre minimal : _____ centimètres

Trouve l'aire et le périmètre de chaque figure.

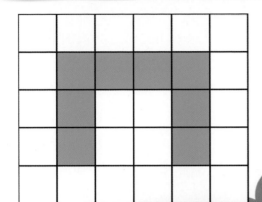

a) Aire : _____ centimètres carrés
   Périmètre : _____ centimètres

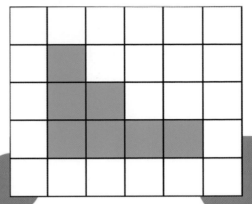

b) Aire : _____ centimètres carrés
   Périmètre : _____ centimètres

c) Aire : _____ centimètres carrés
   Périmètre : _____ centimètres

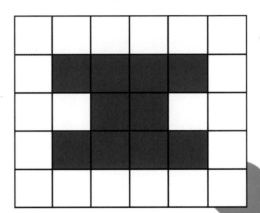

d) Aire : _____ centimètres carrés
   Périmètre : _____ centimètres

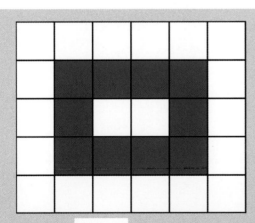

e) Aire : [____] centimètres carrés

   Périmètre : [____] centimètres

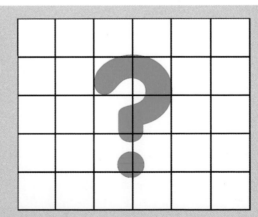

f) Imagine un rectangle. Son aire est de ● centimètres carrés. Son périmètre est de ● centimètres. Les cercles cachent deux fois le même nombre. C'est [____].

# Des lignes...

Voici six situations qui semblent très différentes les unes des autres. Pourtant, elles ont quelque chose en commun... Quoi donc ?

Qui, de Guillaume ou de Hugo, est le plus grand ?

B 7

Sara sort du lit. Elle se colle le nez à la fenêtre. — Misère ! Trente au-dessous de zéro. Cette vague de froid n'en finit plus...

Monsieur Laurier conduit son camion sur l'autoroute.

Enfin arrivé !

351

# … et des nombres

Mataïka et Simon jouent au jeu des échelles et des serpents.

Sur son magnétophone, Daphné cherche sa chanson préférée. Elle rembobine la cassette jusqu'à la position 097 et met son casque d'écoute. Musique !

Kateri et Yannick viennent tout juste de terminer leur partie d'échecs. Kateri lève les yeux :
— Déjà ! Il ne reste que deux minutes avant la récréation…

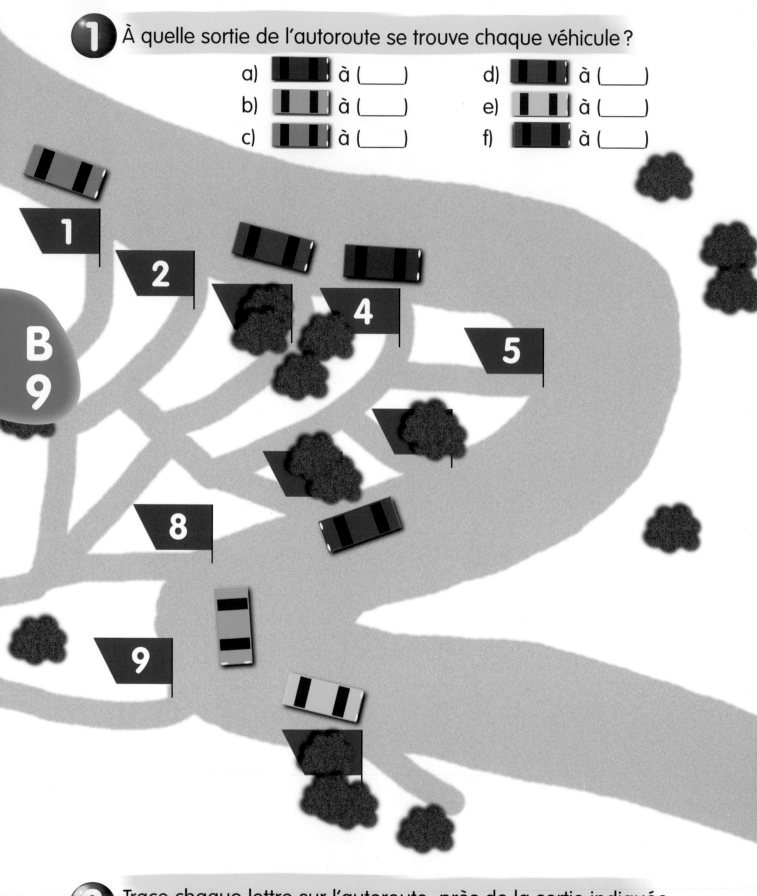

# 1 À quelle sortie de l'autoroute se trouve chaque véhicule ?

a) à (____)   d) à (____)

b) à (____)   e) à (____)

c) à (____)   f) à (____)

# 2 Trace chaque lettre sur l'autoroute, près de la sortie indiquée.

**A** à **2**   **B** à **8**   **C** à **5**   **D** à **3**   **E** à **10**   **F** à **6**

a) **1   2   3   4   5   6   7   8   9   10**   De (3) à (8)
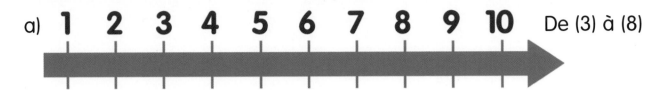

b) **10   9   8   7   6   5   4   3   2   1**   De (7) à (2)

c) **10   11       13       15   16   17**   De (19) à (14)

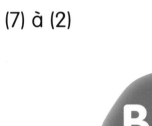

B
10

d) **1           4                           10**   De (2) à (8)

**2** Décris chaque vecteur.
Ajoute une phrase mathématique appropriée.

**1   2   3   4   5   6   7   8   9   10**
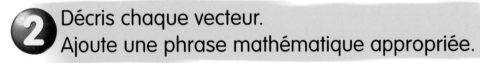

a) De (____) à (____)   _____ = _____

**13       16   17       19           22**
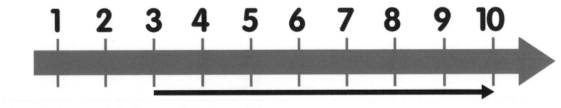
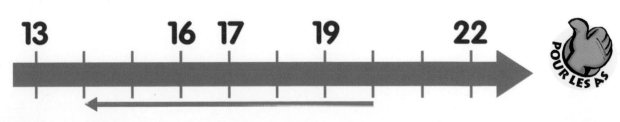

POUR LES AS

b) De (____) à (____)   _____ = _____

**1** Au-dessous de chaque ligne numérique, trace le vecteur montrant le déplacement décrit.

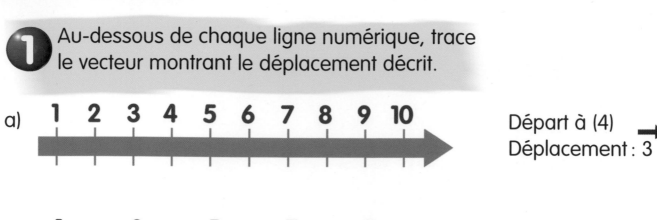

a)

| 1 | 2 | 3 | 4 | 5 | 6 | 7 | 8 | 9 | 10 |

Départ à (4) →
Déplacement : 3

b)

| 1 | | 3 | | 5 | | 7 | | 9 |

Départ à (6) ←
Déplacement : 4

c)

| 10 | | 12 | | 14 | | 16 | | 18 |

Départ à (12) →
Déplacement : 5

d)

| 10 | 20 | 30 | 40 | 50 |

POUR LES AS

Départ à (40) ←
Déplacement : 20

**B 11**

**2** Décris chaque déplacement.

a)

| 1 | 2 | 3 | 4 | 5 | 6 | 7 | 8 | 9 | 10 |

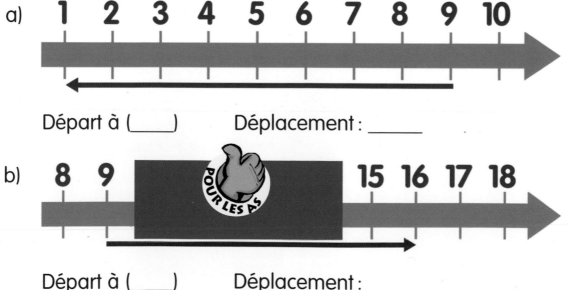

Départ à (____)        Déplacement : _____

b)

| 8 | 9 | | | | | | 15 | 16 | 17 | 18 |

POUR LES AS

Départ à (____)        Déplacement : _____

## 1 Un thermomètre est une ligne numérique. Sa numérotation est **symétrique.**

Place un miroir de type MIRA sur la ligne pointillée du zéro. Le miroir te montre la position des nombres « au-dessous de zéro ».

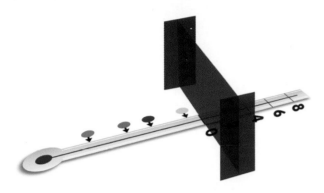

a) Pour trouver la position -3 °C, fais une marque à +3 °C et retrouve son image.

b) À quelle température correspond chaque cercle ?

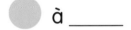 à _____        ⬤ à _____

⬤ à _____        ⬤ à _____

c) Trace un carré à la position -7 °C.

## 2 Place ton miroir sur la ligne pointillée. Écris chaque lettre à la position indiquée.

A à (-10)    B à (-5)    C à (-15)    D à (-8)    E à (-22)

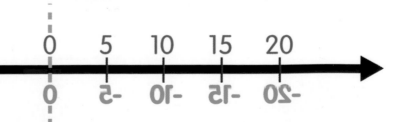

B
12

8
6
4
2
0

**1** Quelle température est indiquée sur chaque thermomètre ?

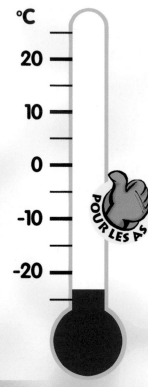

Il fait_____

Il fait_____

Il fait_____

**2** Colorie chaque thermomètre selon la température indiquée.

-5 °C

22 °C

-17 °C

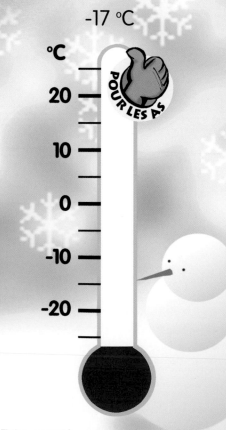

B 13

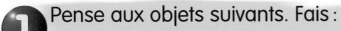

**1** Pense aux objets suivants. Fais :
   a) un cercle autour de ceux qui mesurent environ 1 m ;
   b) une croix sur ceux qui mesurent environ 1 cm.

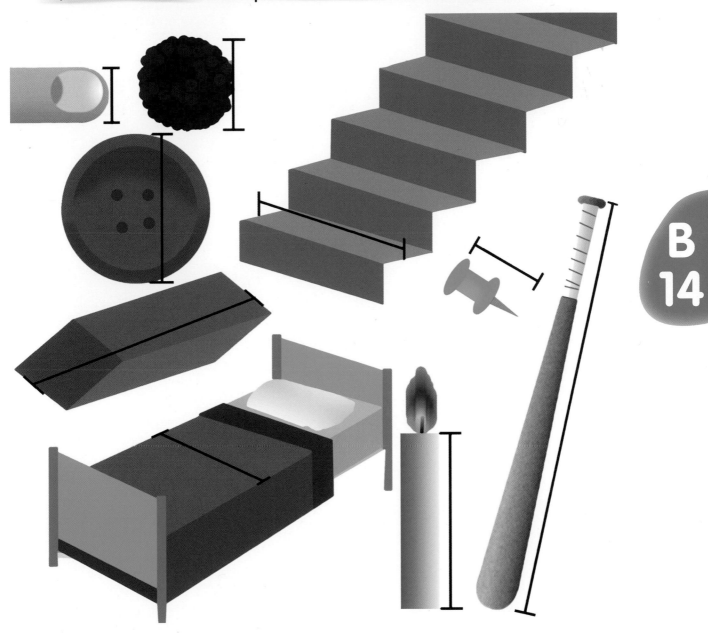

B 14

**2** À la maison, trouve trois autres objets qui mesurent environ 1 m et note-les dans le tableau.
Écris aussi leur mesure exacte en centimètres.

_____ _____ cm

_____ _____ cm

_____ _____ cm

**1** Imagine que chaque règle soit graduée en centimètres.
Quelle est la longueur de chaque ruban ?
Écris ta réponse sur les rubans.

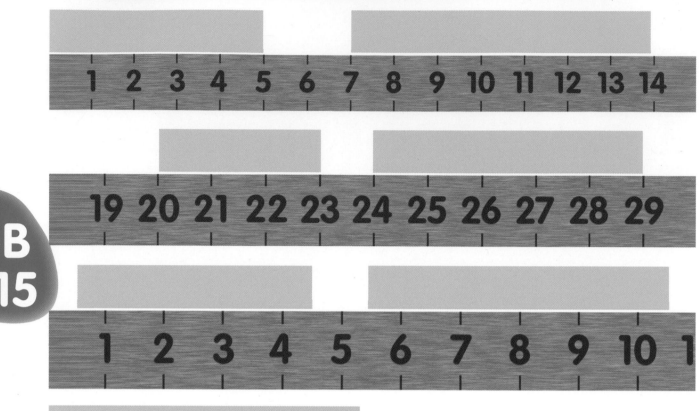

**2** Trace les vecteurs demandés.

a) Départ à 0 cm →
   Déplacement de 6 cm

b) Départ à 11 cm ←
   Déplacement de 4 cm

| 1 | 2 | 3 | 4 | 5 | 6 | 7 | 8 | 9 | 10 | 11 | 12 | 13 | 14 |

c) Départ à 1 cm →
   Déplacement de 5 cm

d) Départ à $9\frac{1}{2}$ cm ←
   Déplacement de $2\frac{1}{2}$ cm

Fiche complémentaire *Géométrie 17*

**1** Mesure la longueur de chaque dessin.
Arrondis ton résultat au centimètre près.

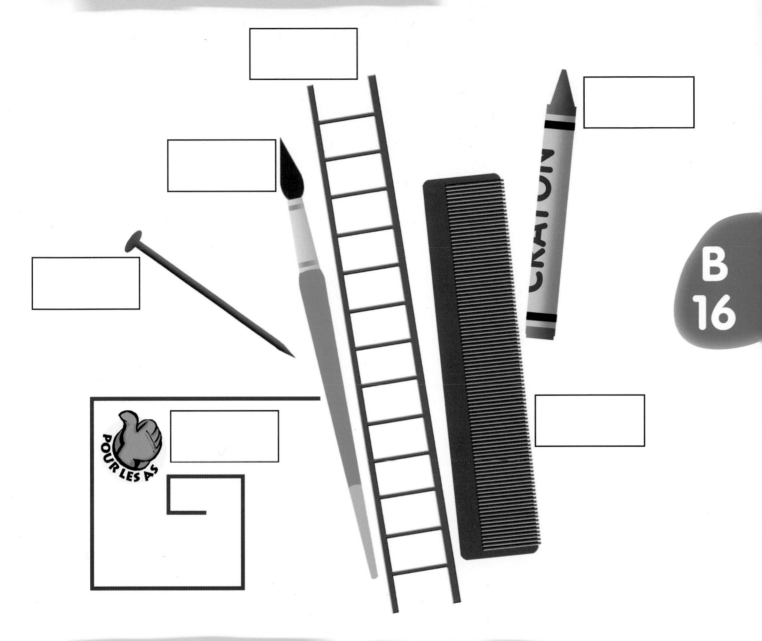

**2** Sur une feuille du bac à recyclage, trace les figures demandées avec précision.

a) Une ligne mesurant 16 cm.

b) Un carré ayant un périmètre de 20 cm.

c) Un Z : deux lignes **parallèles** de 6 cm et une **diagonale** de $10\frac{1}{2}$ cm.

# Histoire d'horloges

Les premières horloges furent inventées en Égypte.

Elles mesuraient le temps par un écoulement régulier d'eau dans un vase gradué.

On appelle « clepsydres » ces horloges à eau.

B 17

L'écoulement commence à minuit.
Le cylindre sera plein dans 12 heures.
Il faudra le vider à midi.
Il sera de nouveau rempli à minuit.

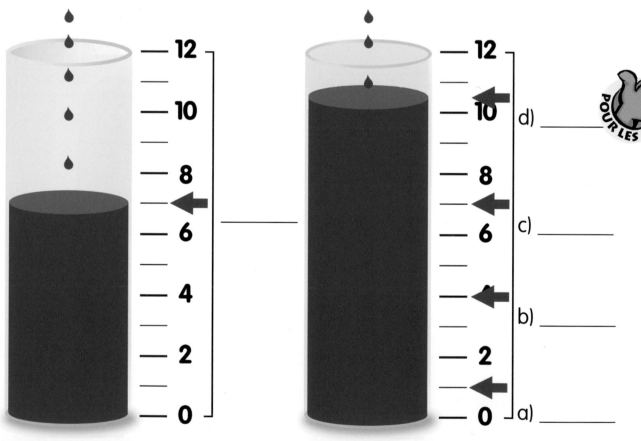

POUR LES AS

d) _____

c) _____

b) _____

a) _____

**1** C'est l'avant-midi.
Combien d'heures se sont **écoulées** depuis minuit ?

**2** C'est l'après-midi.
À chaque flèche, écris combien d'heures se sont **écoulées** depuis minuit.

Pour une lecture plus précise **entre** les heures, on ajoute un cylindre des minutes.
Il faudra le vider à chaque heure, 24 fois par jour…
Une ligne numérique divise le cylindre des minutes en 12 périodes de 5 minutes.

 Quelle heure est-il ?

_____

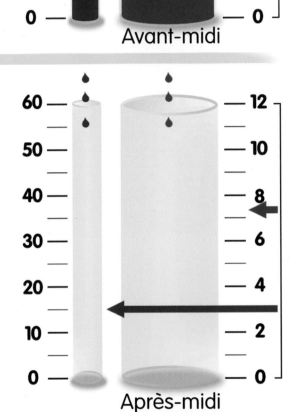

Avant-midi

Le cylindre des heures montre qu'il est entre 7 et 8 heures du soir. Le petit cylindre montre 15 minutes.

**2** Colorie le liquide dans chaque cylindre. Il est

_____.

**3** Avec des flèches, montre 17 h 45.

Après-midi

**4** Une horloge est formée de lignes numériques courbées autour d'un cercle.
Quelle heure est-il ?

_____

**B 18**

# 1 Quelle heure de l'avant-midi est indiquée sur chaque cadran ?

:

:

:

:

:

:

# 2 Dessine les aiguilles sur chaque cadran à l'heure demandée.

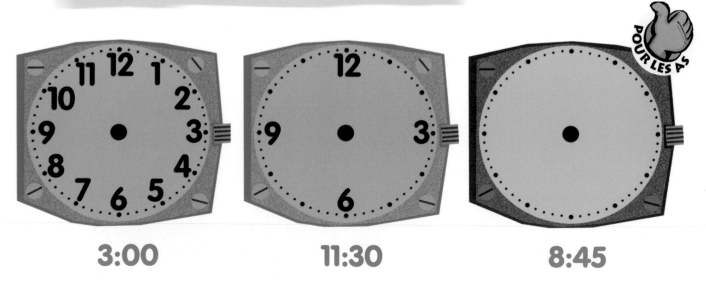

POUR LES AS

**3:00**          **11:30**          **8:45**

Fiche complémentaire *Géométrie 21*

**1** Entoure la mesure qui te semble la plus réaliste parmi les possibilités décrites.

a) Hauteur d'une classe.

   1 m          3 m          10 m

b) Longueur d'un autobus.

   30 dm     10 m     100 cm

c) Taille d'une élève de 7 ans.

   120 cm     30 cm     2 m

d) Épaisseur d'un crayon.

   1 dm          2 cm          1 cm

e) Hauteur d'un verre.

   3 dm          13 cm          33 cm

f) Longueur d'une patinoire.

   60 m          999 cm     100 dm

POUR LES AS

B 20

**2** Encercle l'unité que tu choisirais pour effectuer les mesures suivantes.

a) Longueur d'une carte à jouer.

   m          dm          cm

b) Largeur du gymnase.

   m          dm          cm

c) Longueur de ton soulier.

   m          dm          cm

d) Hauteur de la classe.

   m          dm          cm

# Où est Charlot ?

Charlot fut une grande vedette du cinéma muet. En vacances, Charlot s'entourait d'imitateurs pour échapper à ses admirateurs...

**1** Troublefête a reconnu le vrai Charlot.

Charlot est sur l'herbe, entre la route et le lac Rond.

Quel numéro porte le vrai Charlot ?

Numéro ____

**2** Exerce-toi à chercher Charlot.

a) Charlot est sur le bord de la forêt et de la plage, près du lac Carré.

Numéro ____

b) Charlot est dans le lac Carré, près du quai, du côté de la forêt.

Numéro ____

c) Charlot est dans la forêt, près de l'herbe et du lac Rond.

Numéro ____

d) Charlot est sur la plage, près du lac Carré.

Numéro ____

114

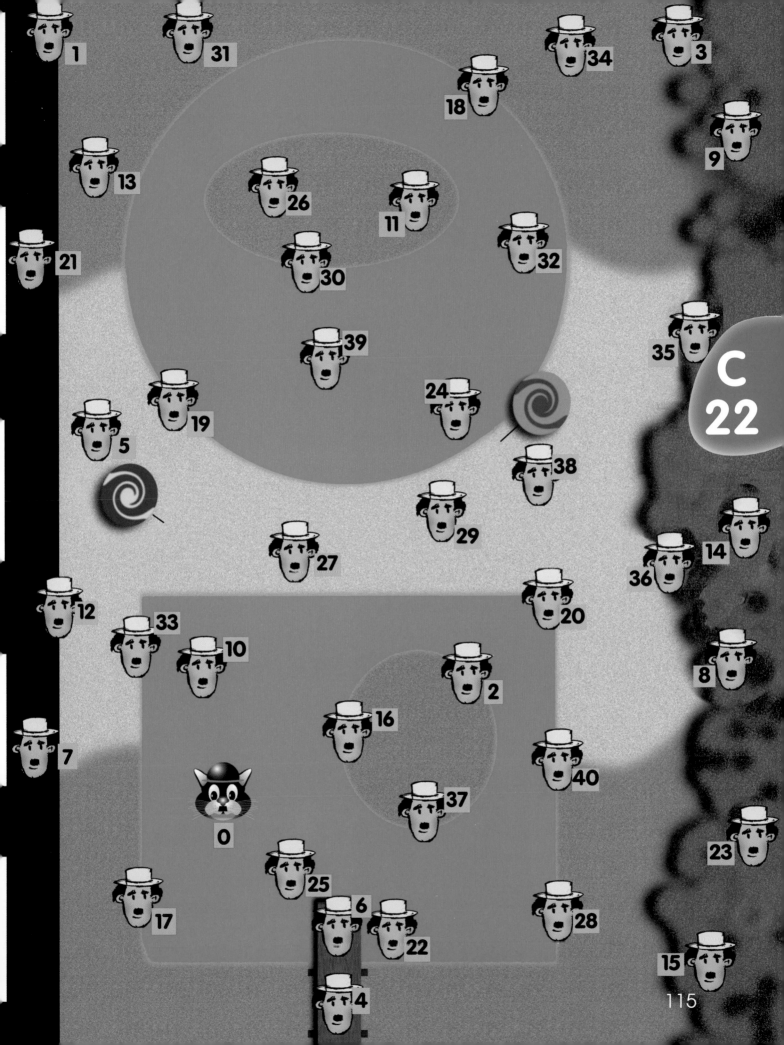

**1** Des animaux vivent dans cette ferme.
Place chaque lettre au bon endroit.

(A) Zéro, le chat, est sur le chemin, près de la forêt.

(B) La poule Dorémi est dans le bâtiment situé à l'intérieur de la forêt.

(C) Hercule, le boeuf, est sur l'herbe, à l'intérieur de l'enclos.

(D) Gitane, la jument, est dans le bâtiment sur le gravier, à l'extérieur de l'enclos.

(E) Bico, le canard, est près du bâtiment sur l'herbe, à l'extérieur de l'enclos.

C
23

**2** Où se trouve le tracteur ?

_____

_____

POUR LES AS

Écris chacune des lettres au bon endroit en suivant toutes les consignes.

**A** est sur la frontière du carré et à l'intérieur du cercle.

**B** est à l'extérieur du carré, mais à l'intérieur du triangle.

**C** est à l'extérieur du cercle et du triangle, dans le carré.

**D** est à l'intérieur des trois figures.

**E** est près de la frontière du cercle, à l'intérieur du triangle.

**F** est sur la frontière du carré et sur celle du cercle.

**Y** est sur la frontière du carré, à l'intérieur du cercle et dans le triangle.

**Z** est sur la frontière du cercle, le plus loin possible de la frontière du carré.

POUR LES AS

**1** Dans chaque cadre, retrouve le quatrième sommet permettant de tracer un rectangle.

a)

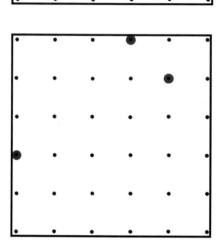

b)

c)

d)

**2** Trace les deux carrés qui se cachent sous les huit sommets de chaque cadre.

POUR LES AS

a)

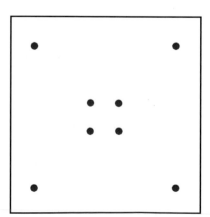

b)

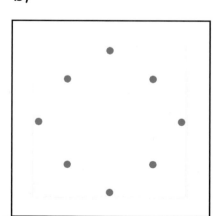

c)

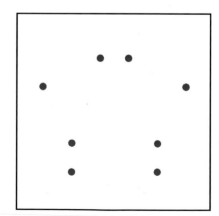

C
25

**1** Dans chaque cadre, retrouve ces deux figures :

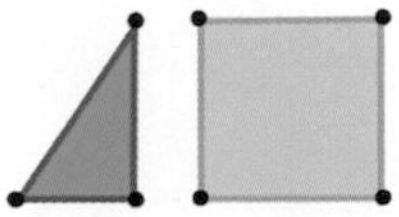

a)

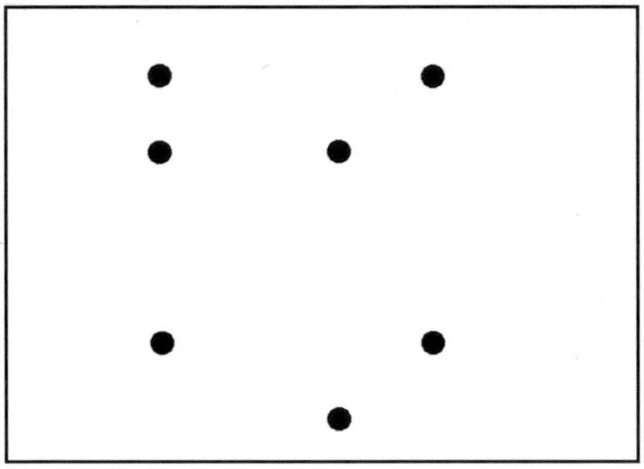

b)

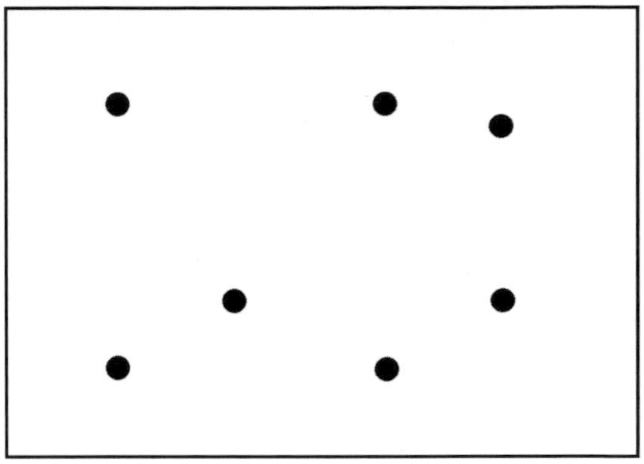

c)

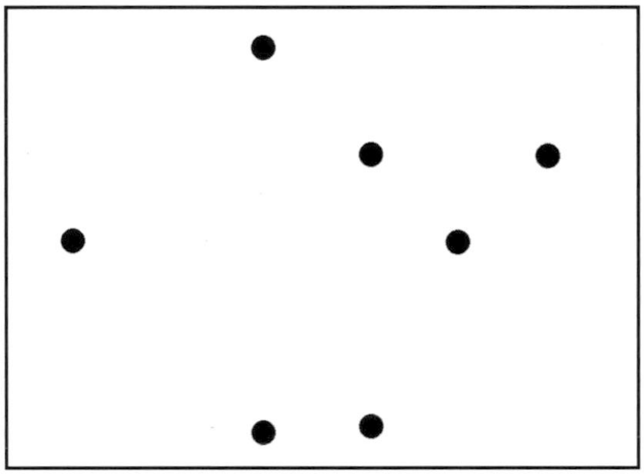

d)

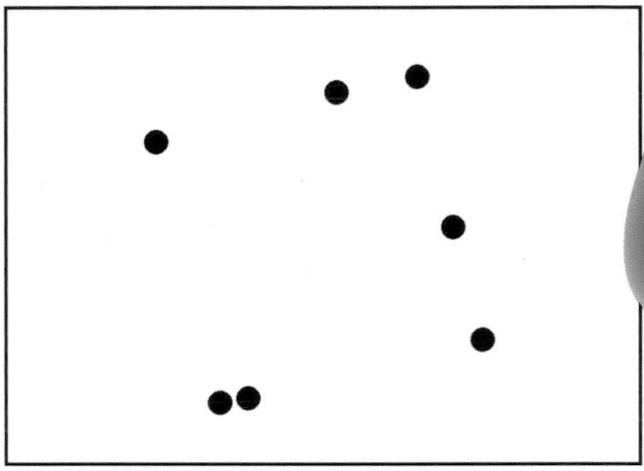

**2** Retrouve les deux mêmes figures qu'au problème 1.
Méfie-toi des sommets en trop…

POUR LES AS

a)

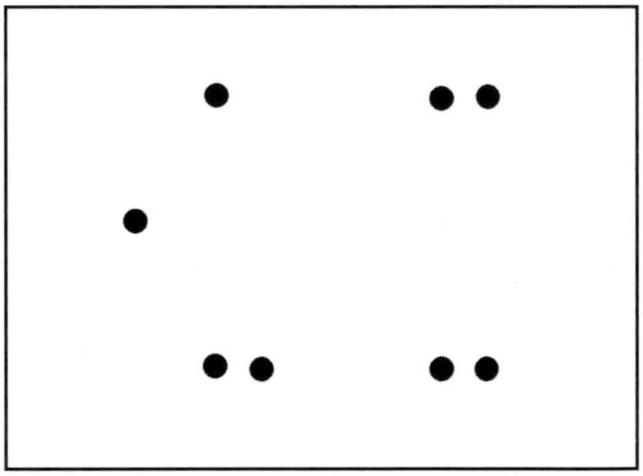

b)

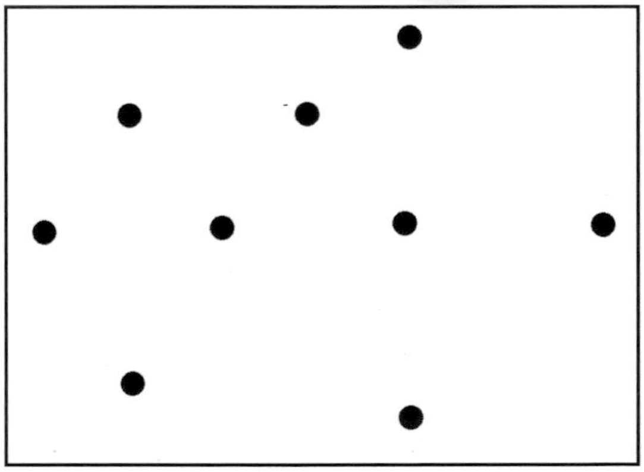

c)

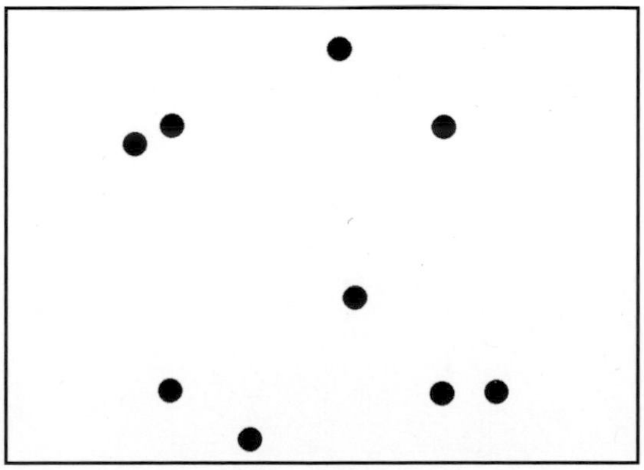

d)

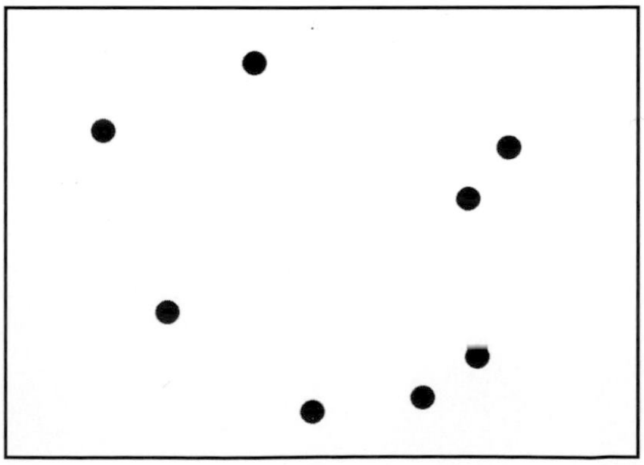

**1** Voici le plan d'un plancher.
Combien faut-il de carreaux pour recouvrir
**exactement** l'octogone ?

Les carreaux sont tous
semblables à celui-ci :

Il faut _____ carreaux.

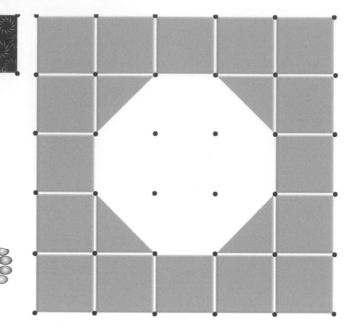

**2** Voici un autre motif à recouvrir
avec une nouvelle pièce :

a) Combien de pièces
faut-il pour recouvrir
**exactement** le motif ?
Il en faut _____.

b) Recouvre le motif en
**fractionnant** le moins
de pièces possible.

POUR LES AS

Le minimum de pièces
à fractionner est :
_____.

Voici d'autres motifs à recouvrir avec différentes pièces.
Essaie de fractionner le moins de pièces possible.

**1** a) Il faut exactement _____ pièces et _____.

b) _____ pièce(s) à fractionner.

Motif

Pièce

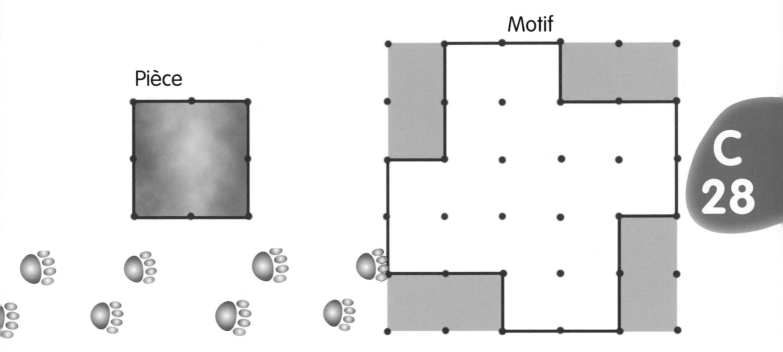

C
28

**2** a) Il faut exactement _____ pièces et _____.

b) _____ pièce(s) à fractionner.

Motif

Pièce

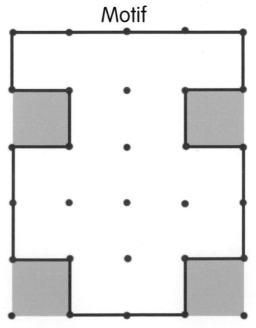

# LA MAGIE...

Debout, à plat, de profil ou en perspective,
les blocs géométriques t'aident à maîtriser l'espace.
Voici quelques casse-tête qui devraient égayer
tes moments libres.
Et si tu inventais les tiens ?

**1** Avec les blocs affichés dans les fenêtres, tu peux
obtenir chacune de ces figures qu'on a réduites.
Trace la position de chaque bloc.

D
29

**Avec 13 blocs**

4  2  4
2

**Avec 7 blocs**

4  3

**2** Au moment de prendre chacune de ces photos, les blocs
de la fenêtre étaient alignés l'un derrière l'autre.
Joli profil ! Retrouve la disposition des blocs.

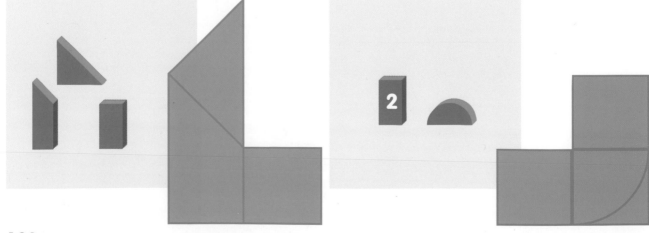

2

122

# ... DES BLOCS

**3** Avec un ensemble de 18 géoblocs, tu peux ériger ce château. Tu réussis si tu peux taper trois fois des mains avant que le tout s'écroule...

**4**

Construis d'abord le modèle avec tes centicubes. Avec un miroir savamment disposé, tu peux obtenir toutes les figures proposées.

**Modèle à reproduire**

a)

b)

c)

d)

POUR LES AS

Trace la position du miroir.

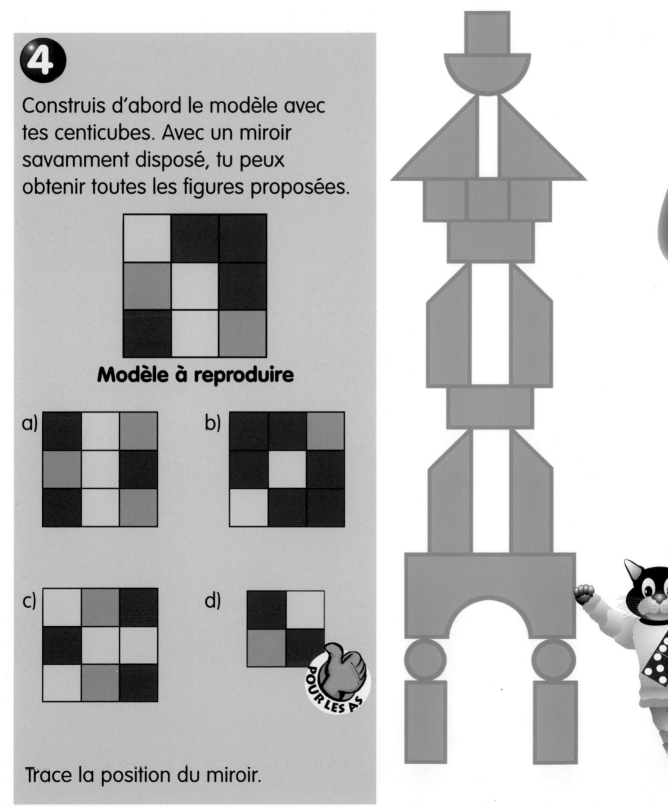

D
30

Réalise chaque construction.
Et que ça tienne debout !

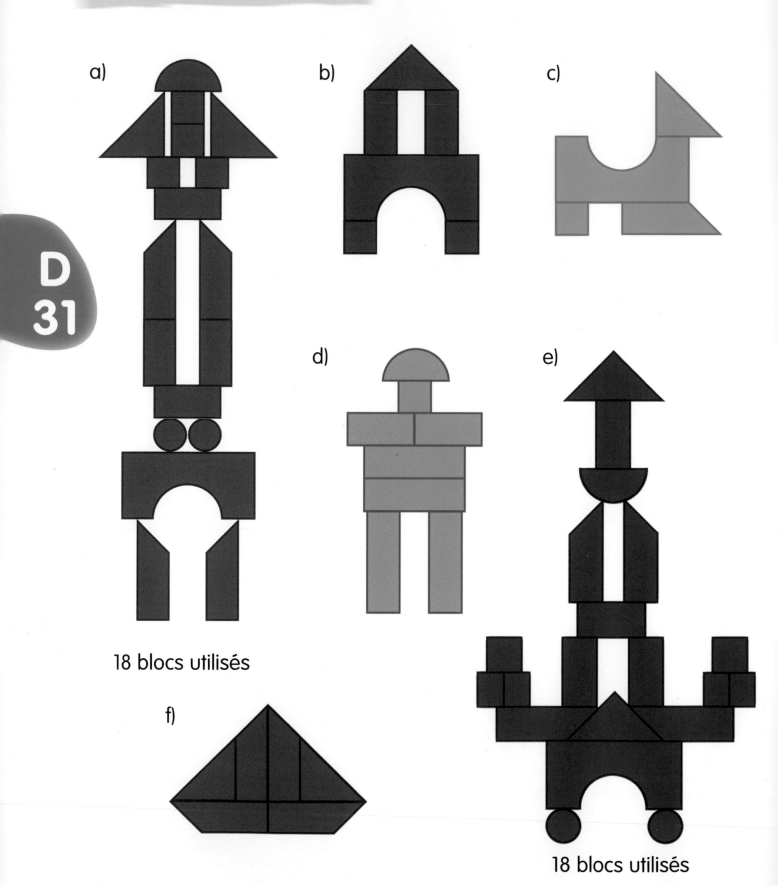

a)

b)

c)

D
31

d)

e)

18 blocs utilisés

f)

18 blocs utilisés

Utilise tes géoblocs pour obtenir chaque modèle qui a été réduit.
Trace la position de chaque bloc.

a)

b)

c)

d)

e)

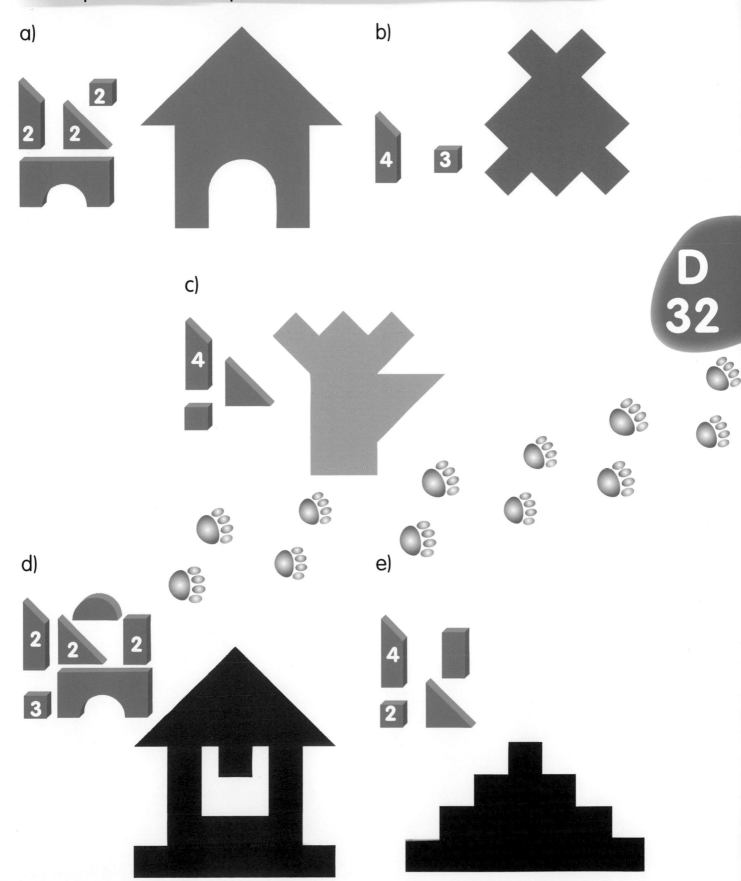

Utilise tes géoblocs pour obtenir chaque modèle qui a été réduit.
Trace la position de chaque bloc.

a)

b)

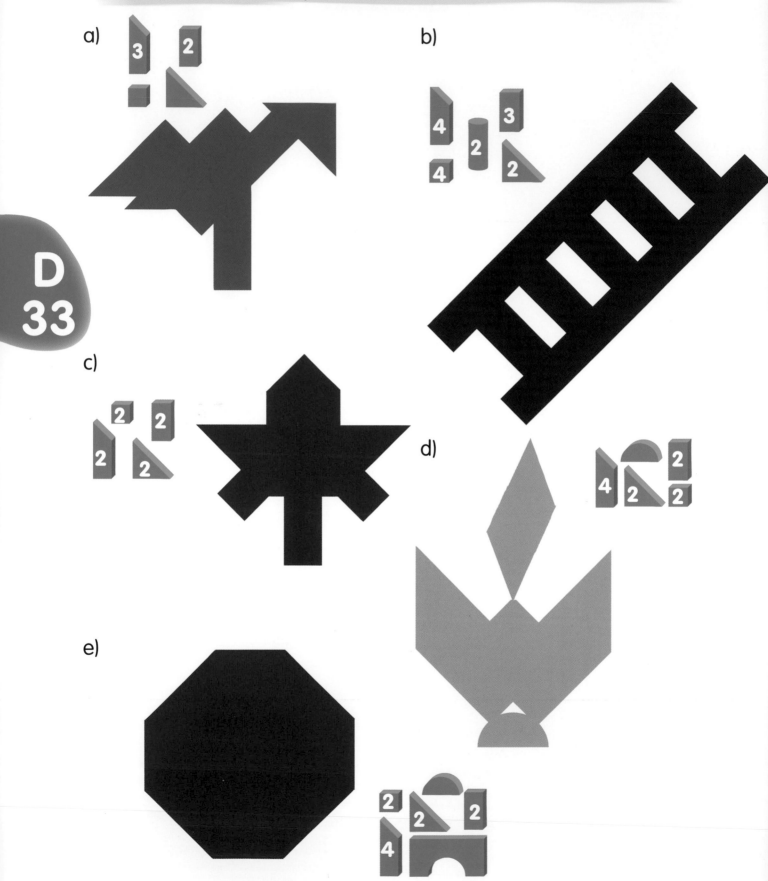

D
33

c)

d)

e)

**2** Ce château symétrique nécessite un ensemble complet de 18 géoblocs. Mais où sont donc les prismes triangulaires? Encercle-les.

a) 8 blocs utilisés

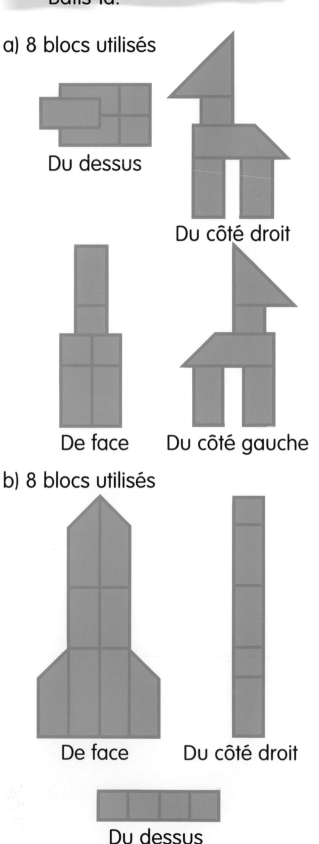

Du dessus

Du côté droit

De face    Du côté gauche

b) 8 blocs utilisés

De face    Du côté droit

Du dessus

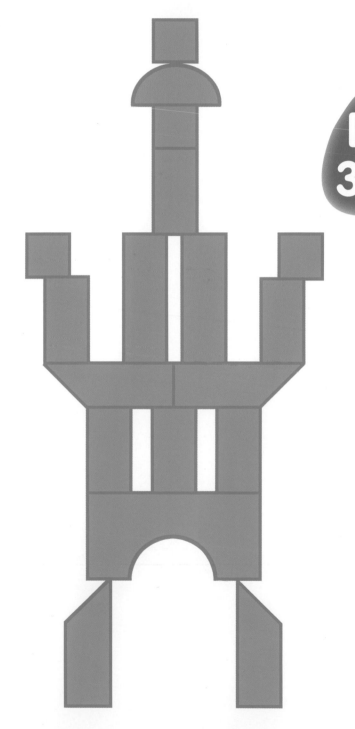

D
34

127

## 1

Chaque cadre te montre différentes faces d'une même construction. Bâtis-la.

a) 4 blocs utilisés

Du côté droit

De face

Du dessus

Du côté gauche

b) 5 blocs utilisés

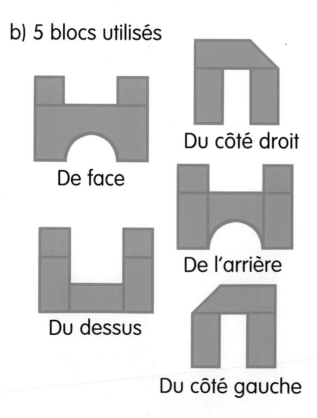

De face

Du côté droit

De l'arrière

Du dessus

Du côté gauche

## 2

Malgré les apparences, ce château symétrique nécessite un ensemble complet de 18 géoblocs. Encercle les endroits où sont cachés des blocs.

POUR LES AS

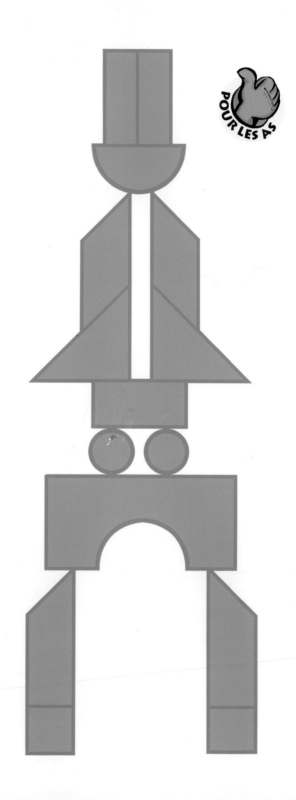

D 35

**1** Voici la **carte d'identité** du cube.
Ajoute les renseignements qui manquent.

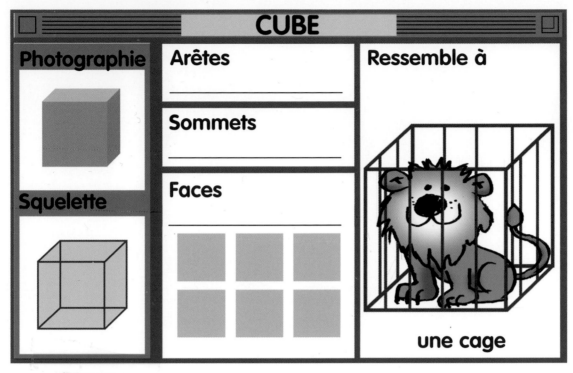

**2** Remplis cette carte d'identité.

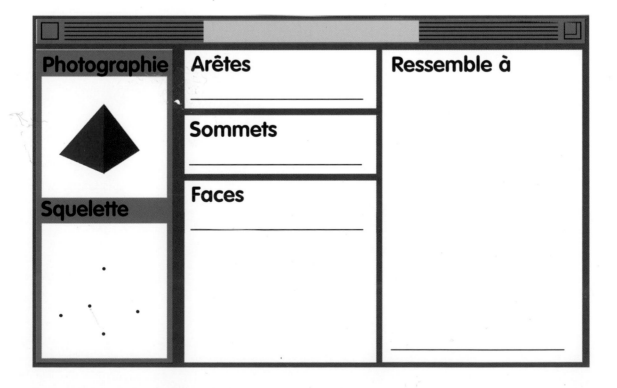

**1** Construis d'abord chaque modèle avec des centicubes.
Place le miroir sur ton modèle pour obtenir chaque image.
Trace la position du miroir sur l'image.

a)

Modèle

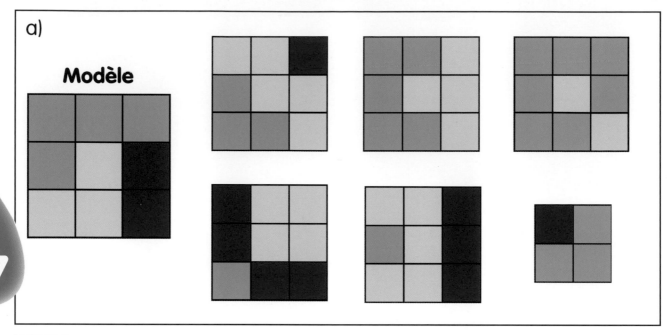

b)

Modèle

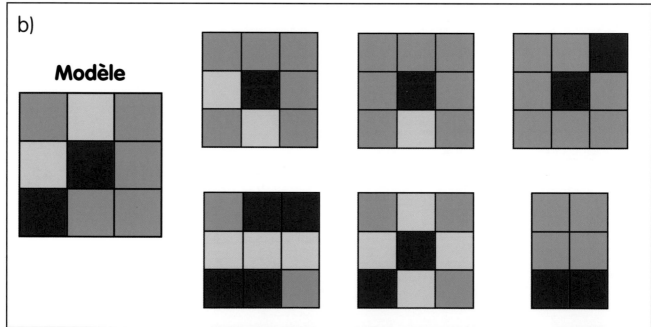

**2** Invente des problèmes semblables au numéro 1.
Utilise un logiciel de dessin pour les présenter
à tes camarades.

Fiche complémentaire *Géométrie 28*

# Fabrication d'un « symétrou »

Une feuille de papier recyclé pliée en deux,  un trait de crayon  et un coup de ciseaux.

1.

2.

3.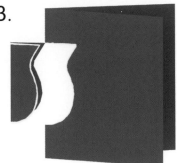

Le « symétrou » : un joli vase !

4.

 La pièce obtenue est **symétrique.**
Le pli montre l'**axe de symétrie.**

Fabrique ces « symétrous ». Trace l'axe de symétrie.

a)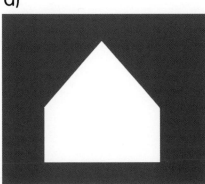

b)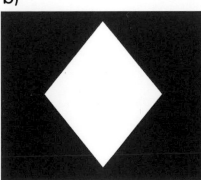

c)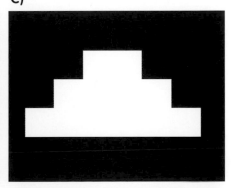

d)

e)

f)

# Le jeu de l'intrus

Le jeu de l'intrus se joue en équipe. Caboche adore ce jeu. Il démontre la puissance de la coopération et de la créativité.

Dans chaque groupe de figures, trouve celle qui n'appartient pas à l'ensemble.

Prépare-toi à justifier ton choix.

**1**

a)

b)

c)

d)

e)

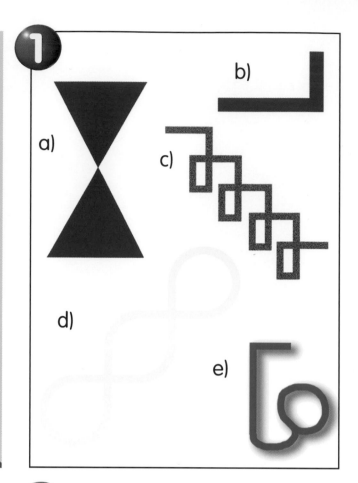

**2**

a)

b)

c

d)

e)

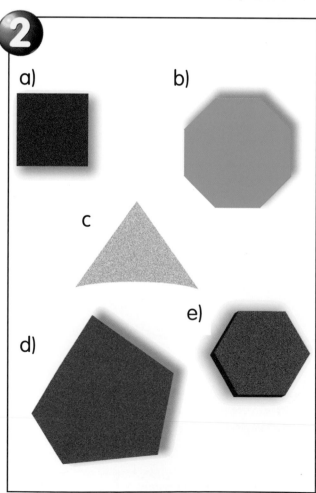

**3**

a)

b)

c)

d)

e)

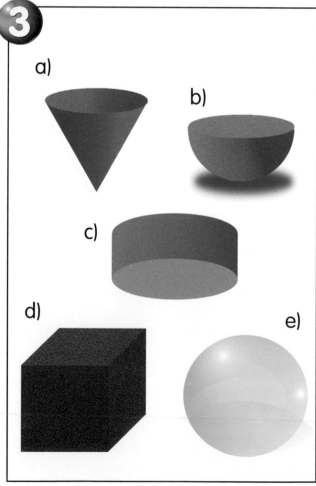

# Jeux de NOMBRES

# Écrire les mathématiques :

Les journalistes savent résumer les événements de l'actualité en quelques lignes.

Pour résumer des idées, les phrases mathématiques sont de petits bijoux de simplicité…

Un exemple ? Voici ce qui est arrivé aux poissons rouges de Caboche :

$$2 + 3 - 1 = 4$$

Raconte ce qui s'est passé dans l'aquarium de Caboche.

LES SINGES S'ÉVADENT DU ZOO DE MATHVILLE

**A 1**

**Devinette :**

Quelle est la ressemblance entre une balance et une phrase mathématique ?

$$3 + 2 > 4$$

**Réponse :** Il suffit de les regarder pour savoir de quel côté ça penche.

## Des phrases mathématiques célèbres

**La plus citée**

$2 + 2 = 4$

On dit souvent :
« Facile comme
2 et 2 font 4. »

**La plus géniale**

$E = mc^2$
Par elle,
Albert Einstein
racontait
l'Univers.

**La préférée des mathématiciennes et des mathématiciens**

$e^{i\pi} + 1 = 0$

Cinq nombres parmi les plus célèbres la composent.
Il te faudra encore dix années d'études pour les reconnaître tous !

# Rien que l'essentiel...

Tout comme tu le fais déjà en français, il est possible d'écrire des phrases en mathématiques. Écrire une phrase mathématique, c'est raconter l'essentiel.

$$1 + 1 > 1$$

Qu'est-ce que Scrip raconte avec cette phrase mathématique ?

**La plus jolie**
$0 + 1 + 2 = 3$
Elle met en vedette les quatre premiers chiffres.

**La plus folle**
$1 + 1 = 10$
Pourtant, elle est juste !
C'est ainsi que comptent les ordinateurs...

**La plus mystérieuse**
$\infty + 1 = \infty$
Elle parle d'infini...

A 2

**1** Trace un X sur les étiquettes qui ne sont pas des phrases mathématiques. Entoure les phrases mathématiques vraies.

$3 + > = 10$

$7 - 2 - 1 - 1 = 4$

$3 + 3 < 3$

$9 = 5 + 4$

$8 = 6 + 2$

$5 - 1 = \boxed{\phantom{0}}$

$1 - 2 = \text{-}1$

$4 + 3 = 8 - 1$

$3 - 1 = 1 - 3$

❀ + ❀ − ❀ = ❀

$6 = 6$

$8 + 2 = 11$

3 oranges + 4 pommes = 7 fruits

**A 3**

**2** Voici des phrases mathématiques fausses.
Corrige-les de deux façons différentes.
Ne fais qu'une seule modification chaque fois.

a) $6 + 4 - 2 = 12$

b) $7 + 2 < 9$

c) $4 - 3 = 2 + 1$

d) $3 + 2 > 9 - 3$

**1** Tous les cubes illustrés sont identiques. Mais toutes les balances ne devraient pas être en équilibre. Pour chaque balance, entoure le plateau le plus lourd.

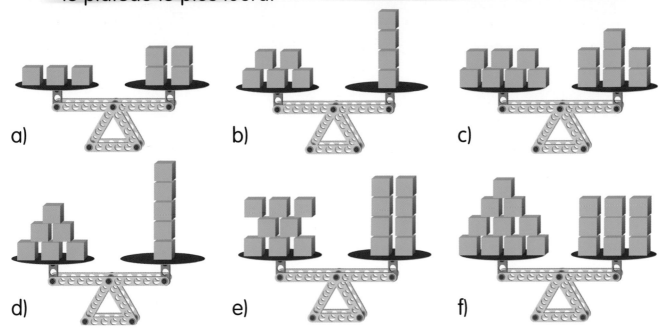

a)　　　　　　b)　　　　　　c)

d)　　　　　　e)　　　　　　f)

**2** Complète les égalités.
Sers-toi d'abord de tes jetons.

**A 4**

$4 + 1 =$ 

a)

$= 7 - 3$

b)

$0 + 4 =$

c)

$5 + 2 =$

d)

$9 - 8 =$

e)

$6 + 3 =$

f)

$= 2 - 2$

g)

$= 8 - 3$

h)

$0 + 0 =$

i)

**1** Complète les égalités.
Sers-toi d'abord de tes jetons.

a) $5 + 2 = 4 + \square$

b) $4 + \square = 2 + 7$

c) $0 + 6 = 6 + \square$

d) $7 - 3 = 8 - \square$   e) $9 - \square = 2 + 1$   f) $\square + 7 = 4 + 4$

g) $6 - 2 = 5 - \square$   h) $\square - 5 = 2 + 2$   i) $4 + 2 = \square - 2$

**2** Complète les égalités sans utiliser le nombre 0.
Sers-toi d'abord de tes jetons.

a) $8 = \square + \square$

b) $8 = \square + \square$

c) $8 = \square + \square + \square$

d) $8 = \square + \square + \square + \square + \square$

e) $8 = \square + \square + \square + \square + \square + \square + \square$

**3** Complète les égalités sans utiliser le nombre 0.

a) $9 = 5 + \square + \square + 1$

b) $9 = \square + 6 - \square$

c) $9 = \square - \square - \square$

d) $9 = \square - \square - \square + 2$

POUR LES AS

138

**1** Complète les égalités.
Sers-toi d'abord de tes jetons.

$10 = 4 + \square$   $12 - \square = 10$   $10 = \square - 2$

a)          b)          c)

d) $10 = \square + 3$    e) $\square - 1 = 10$    f) $10 = 2 + \square$

g) $10 = \square + \square$    h) $10 + \square = 10$    i) $10 = \square - 4$

**2** Complète les égalités sans utiliser le nombre 0.
Sers-toi d'abord de tes jetons.

a) $4 + 5 = \square + \square$

b) $7 - 2 = 6 - \square$

c) $2 + 3 + 1 = \square + 4 + \square$

d) $12 - 2 - 4 = \square + \square + 1 + \square$

e) $8 + 1 - 2 = \square + \square + \square + \square + \square$

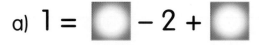

**3** Complète les égalités sans utiliser le nombre 0.

a) $1 = \square - 2 + \square$

b) $7 - \square = 4 + \square$

c) $\square - 3 = \square + 6$

d) $5 + \square - 1 = 8 + 2 - \square$

**1** Complète les inégalités sans utiliser le nombre 0.
Sers-toi d'abord de tes jetons.

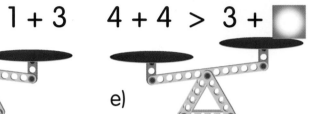

a) $5 + 3 < 6 + \square$

b) $\square - 6 < 9 - 7$

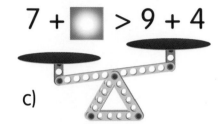

c) $7 + \square > 9 + 4$

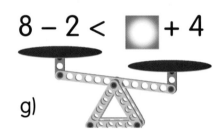

d) $2 + \square < 1 + 3$

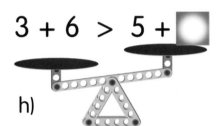

e) $4 + 4 > 3 + \square$

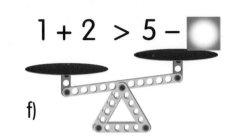

f) $1 + 2 > 5 - \square$

g) $8 - 2 < \square + 4$

h) $3 + 6 > 5 + \square$

**2** Ajoute les signes (>, <, =, + ou −) qui manquent pour obtenir des phrases mathématiques vraies.

a) $16 \bigcirc 9 + 7$

b) $11 \bigcirc 5 = 6$

c) $13 \bigcirc 4 = 9$

d) $12 \bigcirc 6 + 7$

e) $10 \bigcirc 7 + 9$

f) $15 \bigcirc 20 - 5$

g) $12 \bigcirc 3 \bigcirc 8$

h) $7 \bigcirc 2 \bigcirc 9 = 14$

**3** Ajoute les signes (+ ou −) qui manquent.
Complète la phrase de trois façons différentes.

POUR LES AS

$1 \bigcirc 5 \bigcirc 2 \bigcirc 3 \bigcirc 1 = 6 \bigcirc 2 \bigcirc 4$

$1 \bigcirc 5 \bigcirc 2 \bigcirc 3 \bigcirc 1 = 6 \bigcirc 2 \bigcirc 4$

$1 \bigcirc 5 \bigcirc 2 \bigcirc 3 \bigcirc 1 = 6 \bigcirc 2 \bigcirc 4$

A 7

**1** Fais mentalement toutes les opérations indiquées dans chaque grille magique. Tu devrais obtenir le nombre cible de deux façons différentes.

a)
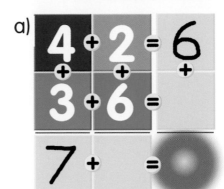

$$4 + 2 = 6$$
$$+ \quad +$$
$$3 + 6 =$$
$$7 + \quad = $$

b)
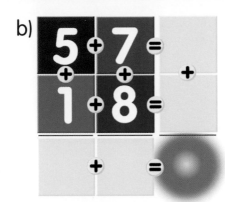

$$5 + 7 =$$
$$+ \quad +$$
$$1 + 8 =$$
$$+ \quad = $$

c)
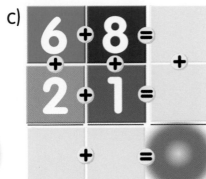

$$6 + 8 =$$
$$+ \quad +$$
$$2 + 1 =$$
$$+ \quad = $$

d)
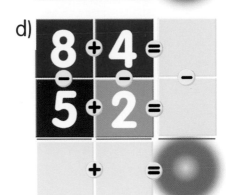

$$8 + 4 =$$
$$- \quad -$$
$$5 + 2 =$$
$$+ \quad = $$

e)
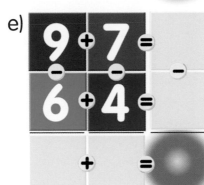

$$9 + 7 =$$
$$- \quad -$$
$$6 + 4 =$$
$$+ \quad = $$

f)
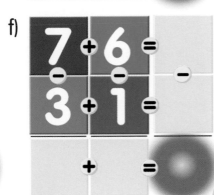

$$7 + 6 =$$
$$- \quad -$$
$$3 + 1 =$$
$$+ \quad = $$

**2** Trouve mentalement les nombres cibles.  POUR LES AS

a)

$$4 + 6 + 7 =$$
$$+ \quad + \quad + $$
$$2 + 1 + 3 =$$
$$+ \quad + \quad = $$

b)

$$1 + 5 + 9 =$$
$$+ \quad + \quad + $$
$$4 + 2 + 3 =$$
$$+ \quad + \quad = $$

c)
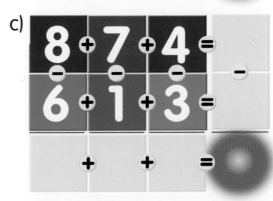

$$8 + 7 + 4 =$$
$$- \quad - \quad - $$
$$6 + 1 + 3 =$$
$$+ \quad + \quad = $$

d)
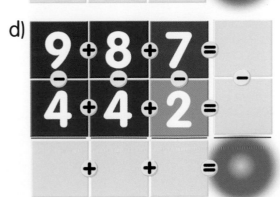

$$9 + 8 + 7 =$$
$$- \quad - \quad - $$
$$4 + 4 + 2 =$$
$$+ \quad + \quad = $$

A 8

# Des nombres qui font...

Depuis longtemps, les propriétés géométriques des nombres suscitent intérêt et curiosité.

16 est carré

10 est triangulaire

12 est rectangulaire

Pythagore s'y intéressait déjà il y a plus de 2500 ans !

« Neuf jetons, placés en rangées et en colonnes, forment un carré sur 3 rangs. »

Traduction mathématique :

$$9 = 3 \times 3$$

On dit que 9 est un nombre carré.

**1** Parmi les nombres suivants, entoure ceux qui sont des carrés.

*4 et 9 sont des nombres carrés.*

*Va pour 4, madame Racine. Mais 9 ? Il est plutôt... rond, non ?*

## 18    25    50    100

# ... belle figure !

Les rectangles sont des figures souvent décrites au moyen de phrases mathématiques variées.

8 est un nombre rectangulaire.

$$2 \times 4 = 8$$

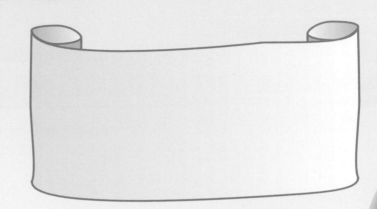

$$\frac{8}{2} = 4$$

$$2 = \frac{8}{4}$$

$$8 = 4 \times 2$$

 Décris le rectangle avec quatre phrases mathématiques différentes.

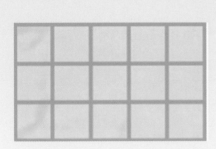

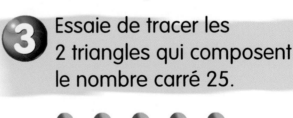

Pour décrire un nombre triangulaire, on divise certains rectangles par 2...

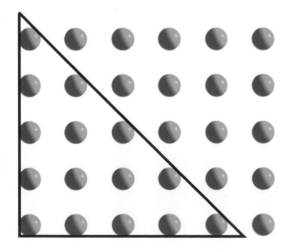

$$\frac{5 \times 6}{2} = 15$$

15 est un nombre triangulaire.

Voici un très ancien secret mathématique : tout nombre carré peut se partager en 2 nombres triangulaires.

**3** Essaie de tracer les 2 triangles qui composent le nombre carré 25.

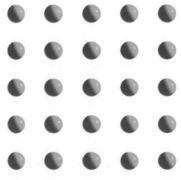

Les 2 nombres triangulaires sont : _____ et _____

Écris deux phrases mathématiques qui montrent bien les dimensions et l'aire de chaque rectangle. Pour chaque cas, utilise les symboles de multiplication et de division.

a)

X     =

÷     =

b)

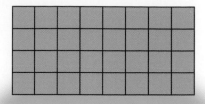

c)

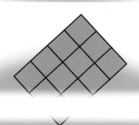

d)

e)

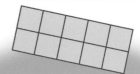

f)

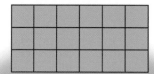

g)

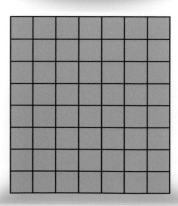

h)

POUR LES AS

**1** Trouve tous les rectangles que tu peux obtenir en coloriant exactement 16 cases.
Sous chacun, écris deux phrases mathématiques qui conviennent.

**B 12**

**2** Les facteurs de 16 sont : _____

POUR LES AS

**1** Illustre chacune des phrases mathématiques ci-dessous par le rectangle qui convient. Puis, complète les égalités.

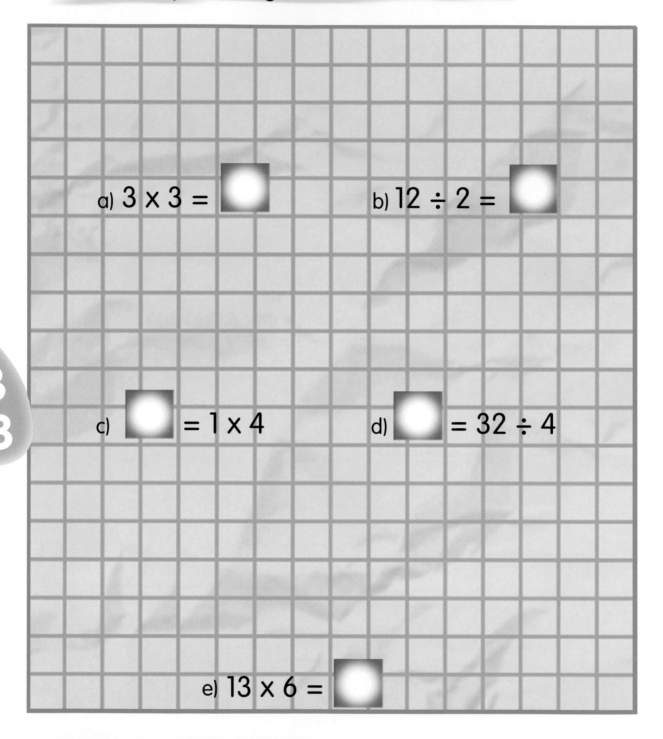

a) $3 \times 3 =$ ◯

b) $12 \div 2 =$ ◯

c) ◯ $= 1 \times 4$

d) ◯ $= 32 \div 4$

e) $13 \times 6 =$ ◯

**B 13**

**2** Trouve tous les arrangements rectangulaires de 60 objets. Sers-toi d'un logiciel de dessin. Note aussi les phrases mathématiques qui conviennent.

Fiche complémentaire *Jeux de nombres 8*

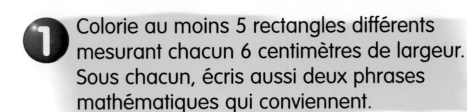

**1** Colorie au moins 5 rectangles différents mesurant chacun 6 centimètres de largeur. Sous chacun, écris aussi deux phrases mathématiques qui conviennent.

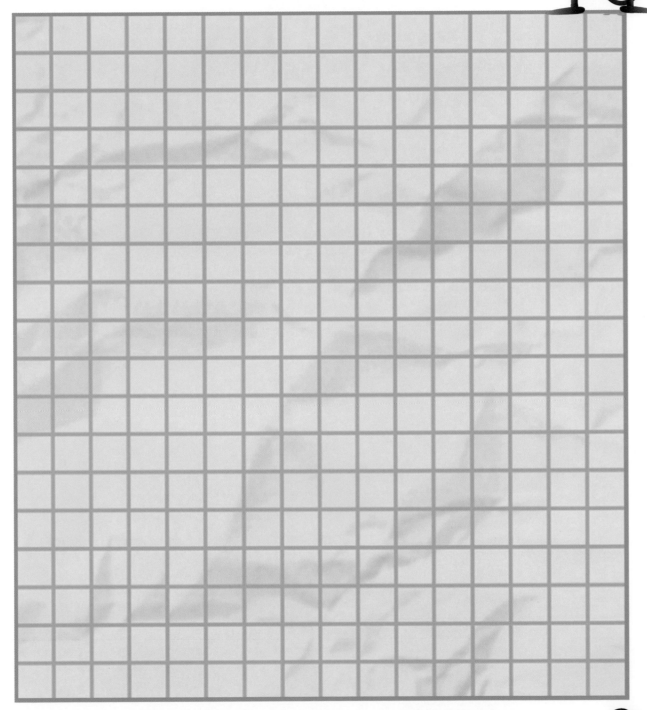

**2** Trouve 7 autres multiples de 6. N'utilise que ta calculette.

_____ _____ _____ _____ _____ _____ _____

**1** Monsieur Petits-Pieds, le mille-pattes, fait sa lessive. Comme toujours, il a peur d'avoir perdu l'une de ses chaussettes.

A-t-il raison de se faire du souci ? _____

**2** Entoure les boîtes qui contiennent un nombre pair de friandises.

Peux-tu y arriver sans compter toutes les friandises ? _____

a)
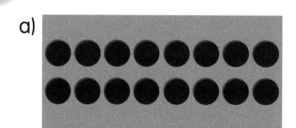

b)
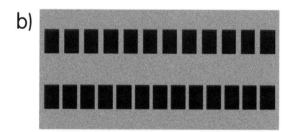

c)
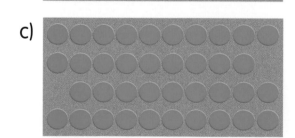

d)

e)
Contenu :
8 chocolats et un
nombre pair de
caramels.

f)
Contenu :
un nombre pair de
chocolats et un nombre
impair de caramels.

148

**1** Les nombres 3 et 10 sont dits « triangulaires ».
Les schémas ci-dessous te montrent pourquoi.

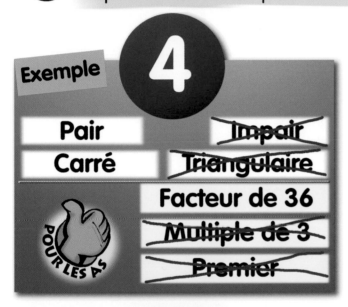

Trouve deux nombres triangulaires compris entre 20 et 30. _____ _____

**2** Indique les propriétés de chacun des nombres.
Inspire-toi de l'exemple.

Exemple

**4**

| Pair | ~~Impair~~ |
|------|------------|
| Carré | ~~Triangulaire~~ |

POUR LES AS
- Facteur de 36
- ~~Multiple de 3~~
- ~~Premier~~

**6**

| Pair | Impair |
|------|--------|
| Carré | Triangulaire |

POUR LES AS
- Facteur de 36
- Multiple de 3
- Premier

B 16

**9**

| Pair | Impair |
|------|--------|
| Carré | Triangulaire |

POUR LES AS
- Facteur de 36
- Multiple de 3
- Premier

**11**

| Pair | Impair |
|------|--------|
| Carré | Triangulaire |

POUR LES AS
- Facteur de 36
- Multiple de 3
- Premier

# Coup de chance...

Tu auras besoin de chance pour atteindre le trésor de la course des îles. Utilise deux dés et un jeton pour passer d'une île à l'autre.

## Île au Losange

$$\square + \square < 11$$

**C 17**

**oui**

**non**

**oui**

**non**

$$\square + \square > 12$$

**DÉPART**

### Île au Carré

### Île au Rectangle

**1** Avant de lancer les dés, évalue si oui ou non tu obtiendras le bon résultat. Place ton jeton sur le pont ou le radeau selon ta prédiction. Puis, jette les dés. Dès qu'un passage est manqué, ta course est terminée.

# ... et risque calculé

Si tu réfléchis bien à toutes les possibilités, tu apprendras à calculer les risques. Tu pourras alors prendre de meilleures décisions.

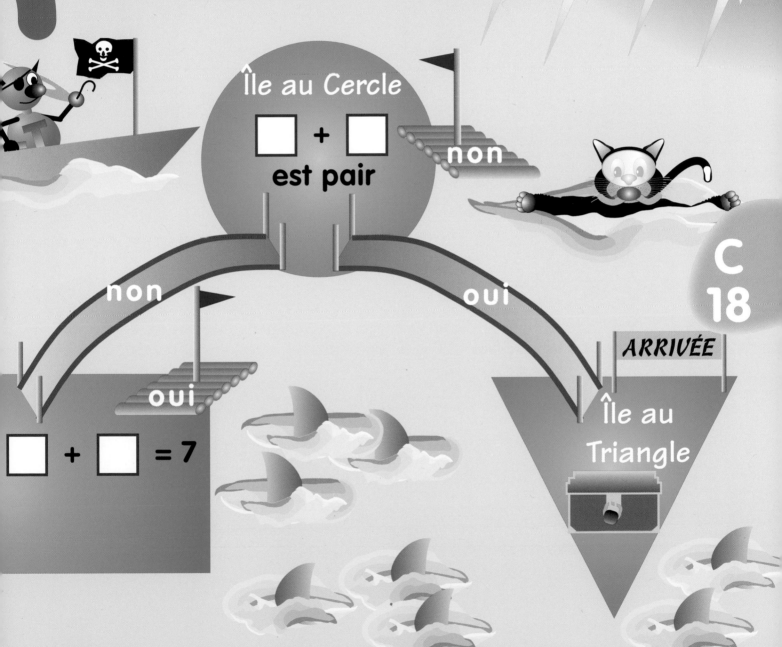

Île au Cercle

☐ + ☐

est pair

non

oui

non

oui

☐ + ☐ = 7

ARRIVÉE

Île au Triangle

C 18

**2** Après quelques parties, entoure à chaque passage la prédiction qui te semble la meilleure.

151

**1** Entoure la couleur qui risque de sortir le plus souvent sur chaque roulette. Explique ton choix.

a)

b)

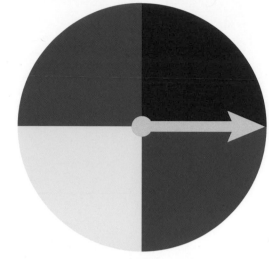

c)

d)

**C 19**

**2** Invente une roulette où tu auras :

- plus de chances d'obtenir le bleu que toute autre couleur ;
- autant de chances d'obtenir le rouge que le jaune ;
- plus de chances d'obtenir le vert que le jaune.

Une entreprise désire créer une mascotte pour représenter sa marque de céréales. L'entreprise effectue un sondage auprès de 1000 jeunes de 5 à 16 ans.

Les résultats du sondage sont résumés dans ces diagrammes à bandes.

a) Entoure l'animal qui est le plus aimé par les jeunes du sondage.

b) Au-dessus de chaque bande, écris combien de jeunes ont choisi chaque animal.

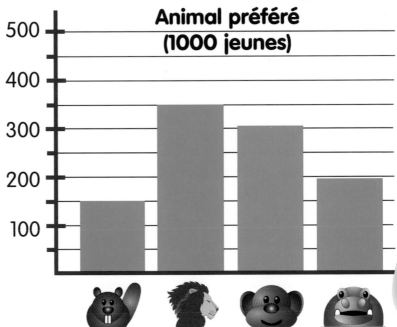

**Animal préféré (1000 jeunes)**

C 20

c) Complète le deuxième diagramme à partir de ces données :

| Sport préféré | |
|---|---|
| Hockey | 300 |
| Vélo | 150 |
| Tennis | 100 |
| Soccer | 450 |

d) Comment ce sondage peut-il aider l'entreprise ?

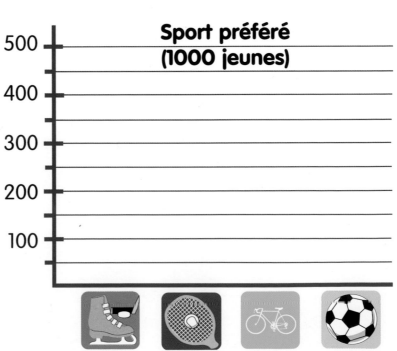

**Sport préféré (1000 jeunes)**

Chaque encadré décrit une expérience liée au hasard.
Entoure l'événement le plus probable.

Réponds aux questions avant de vérifier tes prédictions avec ton équipe.

a) Tirer une carte d'un jeu ordinaire de 52 cartes.

Obtenir un pique.

Obtenir un as.

Obtenir une figure.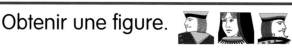

b) Jeter 2 dés et additionner les nombres obtenus.

La somme est supérieure à 5.

La somme est égale à 5.

La somme est inférieure à 5.

c) Au hasard, tirer 3 cubes de ce sac.

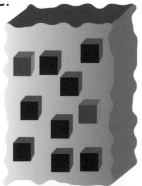

Obtenir 2 bleus et 1 rouge.

Obtenir 3 rouges.

Obtenir 3 bleus.

d) Au hasard, choisir une page dans un livre. Lire le premier mot de la page.

La dernière lettre du mot est un t.

La dernière lettre du mot est un e.

La dernière lettre du mot est un w.

C 21

# La créativité de Caboche…

C'est la récitation du vendredi. Monsieur Mensa interroge ses élèves.

Parmi les nombres écrits au tableau, lequel n'appartient pas à la série ?

Quel nombre n'appartient pas à la série ?

Tous les élèves trouvent la bonne réponse, sauf Caboche…

C'est le 5 ! N'est-ce pas évident : 2, 4, 6, 8… ?

J'y ai pensé, mais, tout bien réfléchi, je préférais le 4 parce que…

Mécontent, monsieur Mensa prive Caboche de récréation. Il lui demande de produire un texte sur le thème : « J'aurais dû choisir le 5… »

Pour t'apprendre la logique…

# ... ou la deuxième bonne réponse

Au début, j'ai pensé au 5 parce qu'il est le seul nombre impair. Mais pourquoi pas le 8 ? C'est le seul dont le tracé est une ligne complètement fermée.

Pour moi, la meilleure réponse à un problème, c'est souvent la deuxième trouvée. Elle montre qu'on est capable de créativité.

J'ai ensuite pensé au 2. En le remplaçant par 7, on aurait une jolie suite : 4, 5, 6, 7, 8…

J'avais beau regarder le 6, rien ne venait. Je l'ai tourné et retourné dans ma tête, puis… Eurêka ! En retournant le 6, on obtient un chiffre différent. Rien de tel avec les autres.

Finalement, j'ai considéré le 4. Le 4 est le seul chiffre tracé avec deux traits. Il est le seul qui ne présente aucune courbe. Il est carré, les autres non.
C'est aussi mon chiffre préféré : le 4 avril (c'est le quatrième mois !) est le jour de mon anniversaire. Pour tout cela, j'ai choisi le 4.

Je crois maintenant que j'aurais dû choisir le 5, comme tout le monde. Après tout, c'est le seul qui ne peut être additionné à l'un des autres pour faire 10 : 4 + 6 = 10, 2 + 8 = 10…

D'accord, je prends le 5 !

Caboche

1  À la place de monsieur Mensa, comment réagirais-tu à ce texte ?

**2** Dessine les animaux en respectant les consignes.
Les animaux ne peuvent pas franchir les clôtures.

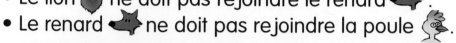

- Le lion 🦁 ne doit pas rejoindre le renard 🦊.
- Le renard 🦊 ne doit pas rejoindre la poule 🐔.

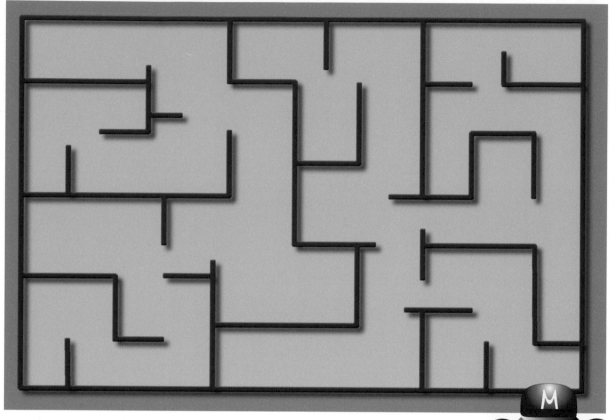

**3** Jessica visite le zoo. Lorsqu'elle lance
2 cacahuètes à Mani, il fait 3 pirouettes.
Qu'arrive-t-il lorsque Jessica lance
6 cacahuètes à Mani ?

Solution :

Réponse :

**4** Pour faire un gâteau, il faut trois oeufs.
Combien peut-on faire de gâteaux semblables avec une douzaine d'oeufs ?

Dessin :

Phrase mathématique :

Réponse :

**5** Termine cette frise.

**6** Combien d'enfants sont cachés derrière cette clôture ?

Solution :

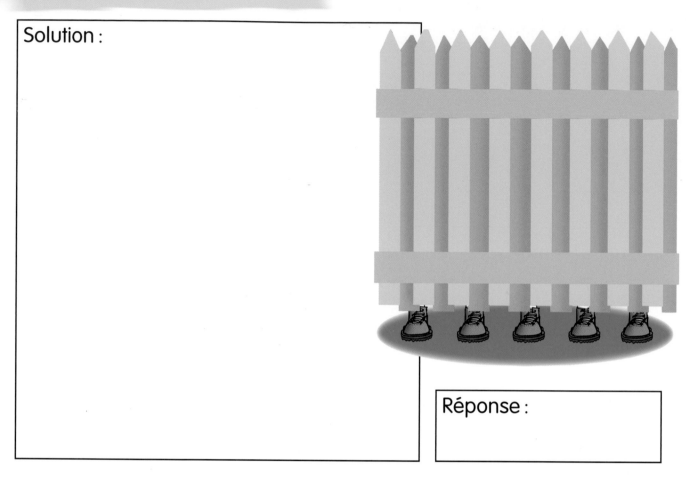

Réponse :

**7** Voici six mots très utilisés en mathématiques.
Retrouve-les en remettant les lettres dans le bon ordre.

récra

bermon

sirot

simon

buce

crecel

**8** Il manque des mots au problème qui suit.
Complète-le afin d'obtenir deux réponses différentes.

a) **Alexandra a huit crayons.**
   **Elle** _____ **deux.**

   Combien a-t-elle de crayons maintenant ?

   Solution :

   Réponse :

b) **Alexandra a huit crayons.**
   **Elle** _____ **deux.**

   Combien a-t-elle de crayons maintenant ?

   Solution :

   Réponse :

**9** Pour mesurer la longueur de sa brosse à dents,
Emmanuelle a utilisé des trombones.

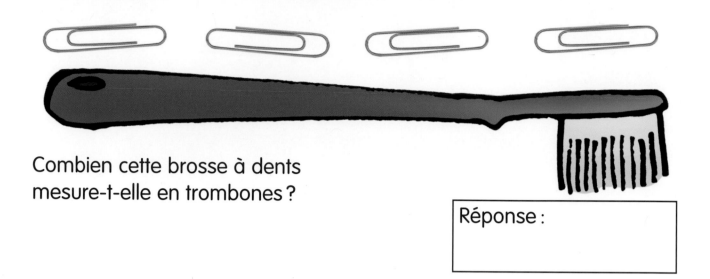

Combien cette brosse à dents
mesure-t-elle en trombones ?

Réponse :

**10** Samuel a trois paires de gants dans son tiroir.
Deux pouces sont troués.

Combien de doigts ne sont pas troués dans les gants de Samuel ?

Dessin :

Phrase mathématique :

Réponse :

**11** Le souper mijote dans trois casseroles.
- La soupe n'est pas dans la grande casserole, et les carottes non plus.
- Le bouilli n'est pas dans la petite casserole, et la soupe non plus.

Trouve ce qu'il y a dans chaque casserole.

**12** Invente une histoire ou un problème qui va bien avec chacune des phrases mathématiques suivantes.

a) Cette histoire concerne les chats de grand-père.

$$8 - 2 + 1 - 4 = \underline{\hspace{2cm}}$$

b) Cette histoire concerne les ballons que Claudine a rapportés de la foire.

$$2 \times 6 + 3 - \underline{\hspace{2cm}} = 11$$

Imagine un zoo en forme de labyrinthe.
Les lignes représentent de hautes clôtures.
Aucun animal du zoo ne doit pouvoir
rejoindre un autre animal.

a) Combien d'animaux peut-on installer
dans chaque zoo ?

b) Invente un zoo de forme rectangulaire.
Soumets-le à tes camarades.

**14** À la quincaillerie, Juan achète ces trois chiffres de bois pour indiquer son numéro d'immeuble. Son numéro n'est pas un nombre pair.

Quel est le numéro d'immeuble de Juan ?

Solution :

Réponse :

**15** Chaque dessin peut être reproduit sans lever le crayon et sans passer deux fois sur le même segment. Sauf peut-être… Essaie donc, pour voir. Pars toujours d'un sommet.

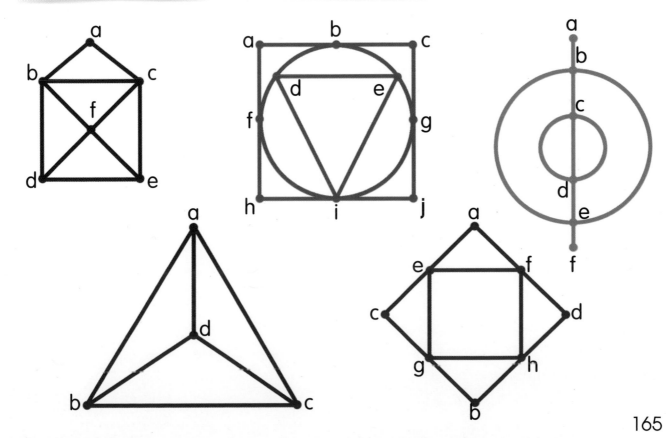

165

**16**
Dans ce texte un peu chambardé
se cache un joli problème.
Replace les phrases en ordre.
Résous le problème.

☐ La nuit, elle redescend de 1 mètre.

☐ À quelle hauteur est-elle rendue après 3 jours complets ?

☐ Le jour, elle monte de 3 mètres.

☐ Une chenille grimpe le long d'un mur.

Dessin :



Phrase mathématique :

Réponse :

**17**
Numérote cette suite des différentes
étapes d'un même dessin.

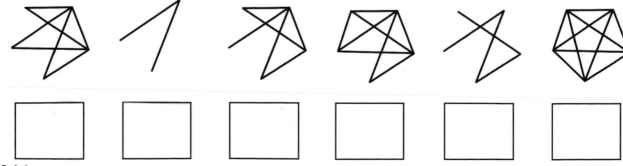

☐  ☐  ☐  ☐  ☐  ☐

**18** À l'aide des indices, trouve le prénom de chaque fillette et dessine le chapeau qu'elle porte.

Joëlle ne porte pas un chapeau pointu.
Le chapeau melon est à l'extrême droite.
Mélodie ne porte pas de lunettes.
Barbara porte le chapeau melon.

**19** Complète chacune de ces suites.

a) 1, 2, 4, 5, 7, 8, ____

b) do, 1, ré, 2, mi, ____ , ____

c) 01, 12, 23, 34, 45, ____

d) | u | nd | eux | troi | squat | |
|---|---|---|---|---|---|

**20** Francis a 3 chats. Nathalie n'a pas d'animal. Sabrina a 2 chats et 2 chiens. Combien Nathalie et Sabrina ont-elles de chats ensemble?

Dessin :

Phrase mathématique :

Réponse :

**21** Complète l'énoncé du problème suivant pour obtenir trois réponses différentes.

Dans le stationnement du cinéma, il y a 5 automobiles.

a) Combien ces automobiles ont-elles _____ ?

Phrase mathématique :

Réponse :

b) Combien ces automobiles ont-elles _____ ?

Phrase mathématique :

Réponse :

c) Combien ces automobiles ont-elles _____ ?

Phrase mathématique :

Réponse :

**22** Trouve toutes les façons d'obtenir 17 points en lançant 4 fléchettes sur la cible.

Phrases mathématiques :

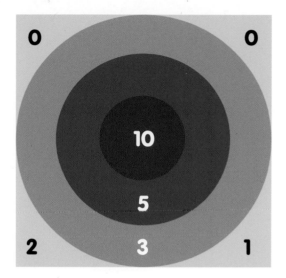

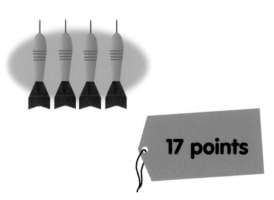

17 points

**23** Voici six mots très utilisés en mathématiques.
Retrouve-les en remettant les lettres dans le bon ordre.

**ezodu**

**heccés**

**nect**

**didatino**

**étuin**

**garnitel**

Pour le pique-nique de l'école, Julien a apporté 3 pommes, 5 oranges et 4 biscuits.
Il n'a mangé que 2 oranges et 3 biscuits.

Combien de fruits Julien a-t-il apportés en trop ?

Dessin :

Phrase mathématique :

Réponse :

**25** Observe le carré dans lequel on a placé les chiffres de 1 à 9. Pour avoir un carré magique, il aurait fallu que toutes les sommes soient égales à un même nombre.

a) Complète les sommes manquantes.

b) Écris les chiffres sur des carrés de papier. Trouve ensuite un arrangement qui soit un carré magique.

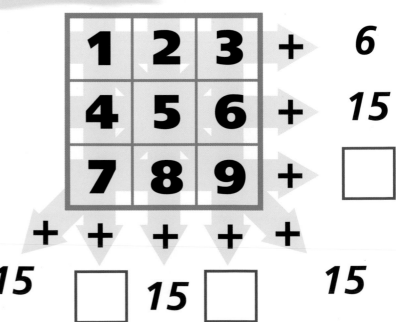

**26** Avec 35 centicubes, on peut recouvrir cette forme rectangulaire tout en formant exactement 5 carrés.

Décris chacun de ces carrés à l'aide d'une phrase mathématique.

a) _____

b) _____

c) _____

d) _____

e) _____

**27** Dans sa poche, Cédric a deux pièces de monnaie. Aucune pièce ne vaut plus de 1 $. Quel montant cela peut-il faire ?

| $ | ¢ | ¢ | $ | ¢ | ¢ | $ | ¢ | ¢ |
| $ | ¢ | ¢ | $ | ¢ | ¢ | $ | ¢ | ¢ |
| $ | ¢ | ¢ | $ | ¢ | ¢ | $ | ¢ | ¢ |
| $ | ¢ | ¢ | $ | ¢ | ¢ | $ | ¢ | ¢ |
| $ | ¢ | ¢ | $ | ¢ | ¢ | $ | ¢ | ¢ |

a) De toutes ces sommes, seulement deux sont impossibles à obtenir en réunissant trois pièces de monnaie.

Encercle-les.
Écris les phrases mathématiques qui décrivent chaque solution, comme dans l'exemple qui suit.
Exemple :

| |
|---|
| **3 ¢ = 1 ¢ + 1 ¢ + 1 ¢** |

| |
|---|
| **3 ¢ = 3 × 1 ¢** |

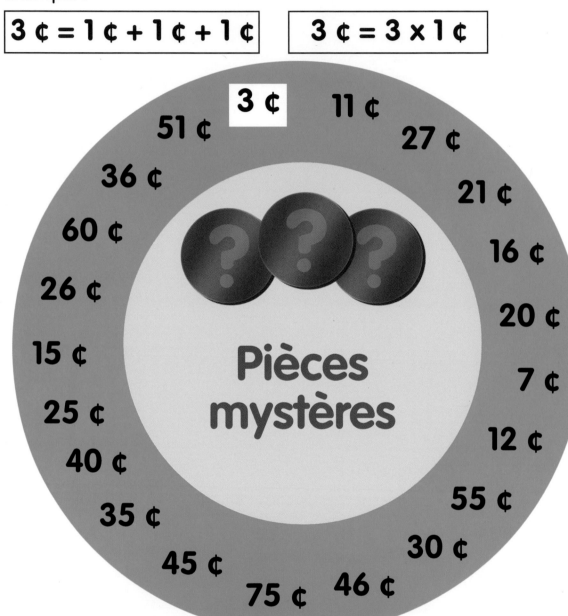

**3 ¢**   **11 ¢**

**51 ¢**   **27 ¢**

**36 ¢**   **21 ¢**

**60 ¢**   **16 ¢**

**26 ¢**   **20 ¢**

**15 ¢**   **7 ¢**

**25 ¢**   **12 ¢**

**40 ¢**   **55 ¢**

**35 ¢**   **30 ¢**

**45 ¢**   **46 ¢**

**75 ¢**

Pièces
mystères

b) De toutes les sommes possibles avec exactement trois pièces de monnaie, une seule a été oubliée.

Laquelle? _____

**29** Avec son jeu de construction, Nadia a fabriqué des automobiles et des motocyclettes. Elle a utilisé 20 roues.

Combien de véhicules de chaque sorte a-t-elle fabriqués ?

Dessin :

Phrase mathématique :

Réponse :

**30** Numérote cette suite des différentes étapes d'un même dessin.

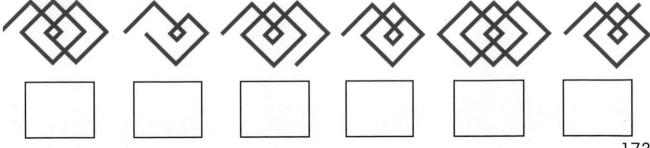

**31** Sept invités sont venus à ma fête. Combien y avait-il de filles à ma fête si quatre invités étaient des garçons ?

Solution :

Réponse :

**32** Mataïka a 10 ans et sa soeur a 7 ans. Dans combien d'années Mataïka et sa soeur auront-elles le même âge ?

Solution :

Réponse :

**33** Six sortes d'animaux vivent dans une forêt imaginaire. Un jour, une sorcière malicieuse leur jette un sort. La partie avant de chaque animal se retrouve sur la partie arrière d'un autre animal… Quel fouillis !

Il n'y a qu'une façon de libérer les animaux. Il faut faire la liste de tous les animaux bizarres qui se trouvent désormais dans cette forêt.

Compose cette liste avec ton équipe.

Un lièche

**34** Un kangourou monte un escalier de 13 marches.
Il peut faire des bonds de 3 marches au maximum.

En combien de bonds le kangourou atteindra-t-il
le haut de l'escalier ?

Phrase(s) mathématique(s) :

Réponse :

**35** Trouve toutes les façons d'obtenir 140 points en
lançant 4 fléchettes sur la cible.

Phrases mathématiques :

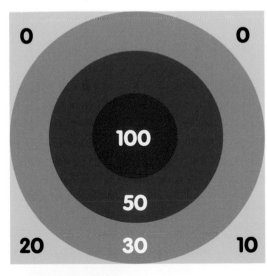

**36** Voici quatre bordereaux de dépôt de la caisse scolaire.
Calcule la somme déposée par chaque élève.

### Ariane

| | | | | | | | |
|---|---|---|---|---|---|---|---|
| 2 | x | 2 $ | | 4 | 0 | 0 |
| 1 | x | 1 $ | | $ | ¢ | ¢ |
| 2 | x | 25 ¢ | | $ | ¢ | ¢ |
| 2 | x | 10 ¢ | | $ | ¢ | ¢ |
| 3 | x | 5 ¢ | | $ | ¢ | ¢ |
| 3 | x | 1 ¢ | | 0 | 0 | 3 |
| **Dépôt total** | | | | $ | ¢ | ¢ |

### Robin

| | | | | | | | |
|---|---|---|---|---|---|---|---|
| 1 | x | 2 $ | | $ | ¢ | ¢ |
| 3 | x | 1 $ | | $ | ¢ | ¢ |
| 3 | x | 25 ¢ | | $ | ¢ | ¢ |
| 1 | x | 10 ¢ | | $ | ¢ | ¢ |
| 1 | x | 5 ¢ | | $ | ¢ | ¢ |
| 4 | x | 1 ¢ | | $ | ¢ | ¢ |
| **Dépôt total** | | | | $ | ¢ | ¢ |

### Fernando

| | | | | | | | |
|---|---|---|---|---|---|---|---|
| 0 | x | 2 $ | | $ | ¢ | ¢ |
| 5 | x | 1 $ | | $ | ¢ | ¢ |
| 1 | x | 25 ¢ | | $ | ¢ | ¢ |
| 4 | x | 10 ¢ | | $ | ¢ | ¢ |
| 5 | x | 5 ¢ | | $ | ¢ | ¢ |
| 5 | x | 1 ¢ | | $ | ¢ | ¢ |
| **Dépôt total** | | | | $ | ¢ | ¢ |

### Zoé

| | | | | | | | |
|---|---|---|---|---|---|---|---|
| 1 | x | 2 $ | | $ | ¢ | ¢ |
| 2 | x | 1 $ | | $ | ¢ | ¢ |
| 4 | x | 25 ¢ | | $ | ¢ | ¢ |
| 7 | x | 10 ¢ | | $ | ¢ | ¢ |
| 5 | x | 5 ¢ | | $ | ¢ | ¢ |
| 5 | x | 1 ¢ | | $ | ¢ | ¢ |
| **Dépôt total** | | | | $ | ¢ | ¢ |

Qui a déposé la plus grosse somme ? _____

**37**

a) De toutes ces sommes, seulement deux sont impossibles à obtenir en réunissant quatre pièces de monnaie.

Encercle-les.
Écris les phrases mathématiques qui décrivent chaque solution.

26 ¢    12 ¢
61 ¢         50 ¢
65 ¢              42 ¢
35 ¢                   16 ¢
17 ¢                        70 ¢
25 ¢
                              80 ¢
41 ¢
                              37 ¢
27 ¢
                              32 ¢
45 ¢                    56 ¢
   85 ¢            30 ¢
      21 ¢    40 ¢

**Pièces mystères**

POUR LES AS

b) Une seule de ces sommes peut être obtenue de deux manières différentes.

Laquelle et de quelles façons? _____

_____

177

**38** Dans un bouquet de 7 fleurs, chaque fleur a 6 pétales, sauf 2 qui en ont 8.

Combien ce bouquet compte-t-il de pétales ?

Dessin :

Phrase mathématique :

Réponse :

**39** Durant son cours de sciences, Alex examine à la loupe trois vers, deux mouches, une araignée, trois fourmis et un autre insecte. Il a compté toutes leurs pattes.

Combien de pattes Alex a-t-il comptées ?

Dessin :

Phrase mathématique :

Réponse :

**10** Voici tes achats.
Complète la facture et indique
la somme totale à débourser.

**25 ¢ chacune**

**15 ¢ chacune**

**11 ¢ chacun**

**1,40 $ chacun**

**19 ¢ chacune**

**80 ¢ chacun**

## Le Bon Marché enr.

| Articles | Nombre | | Prix | Total | | |
|---|---|---|---|---|---|---|
| Pommes | | X | | $ | ¢ | ¢ |
| Oranges | | X | | $ | ¢ | ¢ |
| Poires | | X | | $ | ¢ | ¢ |
| Melons | | X | | $ | ¢ | ¢ |
| Citrons | | X | | $ | ¢ | ¢ |
| Piments | | X | | $ | ¢ | ¢ |
| | | | TOTAL | $ | ¢ | ¢ |

179

# Les personnages en action

**Problème :** Comment trouver la hauteur d'un arbre ?

## Caboche

Je fais comme si...
Je cherche à quoi ça sert.

Je pense qu'en comparant la longueur de son ombre à la mienne...

J'associe.
J'imagine.
J'invente.
Je découvre.

## Troublefête

Je raisonne.
Je me concentre.

Je vérifie si les objets les plus hauts possèdent les ombres les plus longues.

Je démontre.
Je vérifie.
J'explique.

## Papyrus

Je lis et j'écris.

L'unité de mesure utilisée est le mètre et son symbole est m.

J'utilise les bons termes et les bons symboles.

## D3D4

Je suis précis et rapide.
Je me souviens.

Je mesure la hauteur de ces objets et la longueur de leur ombre.

Bonjour !
Mon nom est
D3D4

Je mesure.
Je dessine.

2 + 2 = 4

Je calcule.
Je mémorise.